山西
煤炭产业政策演进研究

仇兵奎◎著

吉林大学出版社
·长春·

图书在版编目（CIP）数据

山西煤炭产业政策演进研究 / 仇兵奎著. -- 长春：吉林大学出版社，2020.8
ISBN 978-7-5692-6970-3

Ⅰ.①山… Ⅱ.①仇… Ⅲ.①煤炭工业－产业政策－研究－山西 Ⅳ.①F426.21

中国版本图书馆CIP数据核字(2020)第168261号

书　　名	山西煤炭产业政策演进研究 SHANXI MEITAN CHANYE YANJIN YANJIU
作　　者	仇兵奎　著
策划编辑	李承章
责任编辑	柳　燕
责任校对	周　鑫
装帧设计	一鸣文化
出版发行	吉林大学出版社
社　　址	长春市人民大街4059号
邮政编码	130021
发行电话	0431-89580028/29/21
网　　址	http://www.jlup.com.cn
电子邮箱	jdcbs@jlu.edu.cn
印　　刷	北京虎彩文化传播有限公司
开　　本	787mm×1092mm　1/16
印　　张	13
字　　数	200千字
版　　次	2020年8月　第1版
印　　次	2020年8月　第1次
书　　号	ISBN 978-7-5692-6970-3
定　　价	68.00元

版权所有　翻印必究

前 言

煤炭产业是山西省的支柱和核心产业,煤炭产业在山西经济社会发展过程中发挥着至关重要的作用。改革开放以来,国家为将山西建设成为我国能源基地以保证能源工业与经济建设的高速发展,对山西能源工业投入给予了很大支持。山西煤炭产业伴随着我国经济发展的快速增长,业已成为山西省的支柱产业。在山西省11个资源型城市中的119个县(市、区)拥有煤炭资源,其中94个县市已经接近或几乎接近"资源枯竭城市"。始于2009年的,由山西省政府主导开展的煤炭资源与产业大整合,使其产业集中度有了较大的提高和改善,但山西煤炭产业依然存在着安全事故多、污染严重以及节能减排压力大等较为严重的问题。

受经济社会环境和产业自身发展的影响,在不同时期,形成了不同目标的山西煤炭产业政策,实现了煤炭产业政策体系的不断演进。研究以山西煤炭产业政策演进为对象,以政策的快速发展与转型发展阶段为主要研究阶段,以政府过程理论中的问题界定、政策制定、政策实施、政策评价与反馈为研究主线,以制度变迁理论、政府管制理论、政府行为外部性理论为基础,以主成分分析法和层次分析法为研究方法,对山西煤炭产业政策的演进历程、演进过程中的主要影响因素、演进的动力机制和路径、演进绩效等内容进行了深入分析。研究内容主要包括以下几方面。

首先,在国家和山西省经济社会环境、社会价值体系以及发展理念等宏观因素影响下,山西煤炭产业政策实现了围绕不同政策目标的,基于政策构成和政策内容方面的阶段性演进,形成了相对完整的产业政策体系。

其次，在对山西煤炭产业政策演进影响因素进行分析的基础上，采用主成分分析法构建山西煤炭产业政策主导因子分析模型对主导因子进行筛选。分析发现，山西煤炭产业政策演进的主导影响因子包括生态环境、安全形势、能源结构和经济增长方式4个。在影响因素的作用下，总体上形成了以可持续发展和安全发展为主线的山西煤炭产业政策演进的空间。主导因子受自身的变化对山西煤炭产业政策演进从不同角度产生了影响作用，并为政策演进动力的形成创造了条件。与此同时，受新时代下我国发展理念转变的影响，以及在山西省综合改革和转型发展的推动下，以促进山西煤炭产业实现高质量发展为目标的新的政策体系逐渐形成。

再次，基于能动主义制度变迁理论，对山西煤炭产业政策演进动力机制进行研究。研究发现，山西煤炭政策演进的动力因素既包括来自原有政策势差造成的产业势差所形成的推动力，也包括宏观环境的变化带来的拉动力，二者共同构成了政策演进的动力机制。其中，在快速发展与转型发展阶段，在动力因素的作用下，山西煤炭产业政策以促进产业可持续发展和安全发展为目标，实现了以促进产业组织规模化、注重资源综合利用和生态环境保护、构建政府部门对煤矿企业的规范化安全监督管理机制、加强对企业安全生产设备设施建设与投入管理、强化长效培训机制的建设、强化煤矿企业自身安全管理能力提升6个路径方向上的演进，形成了较为系统化的产业政策体系。

第四，从政策内容和政策过程中的问题出发，基于微观视角，以山西煤炭产业安全规制政策和山西煤炭资源重组与整合为实际研究对象，对山西煤炭产业政策演进过程中存在的具体问题进行探讨和研究。立足于现实政策与理论的比较分析和对政策内容的分析，研究发现，一方面，山西煤炭产业安全政策在演进过程中，在一定程度上存在重硬件投入、轻安全意识管理方面的问题。同时，由于目标和手段的混淆，以及私人利益部门化等现象的存在，政策性寻租问题在该类型产业政策中较为严重。另一方面，在实施煤炭资源重组与整合的过程中，部分较为微观的，具体操作层面的政策措施存在政策规定与现实实践难以有效结合的问题，并对山西煤炭资源重组与整合工作产生了较大的不利影响。

第五，山西煤炭产业在产业政策演进的促进下，实现了在产业布局和产业集中度、产业经济增长质量、产业循环经济建设以及生态环境治理4个方面对可持续发展能力的提高；实现了在煤炭企业安全投入、培训机制、政府监督管理3个方面对安全生产能力的提高，安全生产形势得到好转。但不容忽视的是，煤炭安全生产政策在保障安全生产的同时，也存在着较为突出的问题，尤其是在政策手段和目标上仍存在较大的不一致，并造成了政策性寻租等问题的出现。

第六，考虑到政策资源的有限性和政策过程中博弈行为的存在，为保证山西煤炭产业政策演进效应分析的全面性，以快速发展与转型发展阶段为研究对象，应用层次分析法构建包括政府、社会、企业3个层面11个二级指标的山西煤炭产业政策演进绩效综合评价指标体系，实现了对山西煤炭产业政策演进绩效的综合评价。研究表明，该阶段，山西煤炭产业政策演进绩效综合评价等级为良好。但由于受到政策资源的有限性和政策过程中博弈行为的影响，政策演进过程中存在行政性干预度过高、政策内容对政策目标的扭曲等政策手段问题以及政府目标过重、短期利益目标偏重、社会效益目标重视程度不足、长期效应目标偏轻等问题。

最后，对山西煤炭产业政策演进的研究，不仅实现了对历史的追溯，同样可以为未来政策演进的优化和调整提供建议。通过对山西煤炭产业政策演进过程和政策构成及内容的分析，以及结合高质量发展理念对山西煤炭产业发展的要求，建议山西煤炭产业政策在未来演进中，应主要从更加注重政策之间的系统性与前瞻性、注重政策问题的全面性、更加注重政策目标的明确性、注重政策手段对政策目标的支撑、重视政策与市场的关系、强化政策对象的全面性以及注重政策演进周期的科学性和合理性7个方面进行优化和调整，以实现在政策演进的作用下，为山西煤炭产业实现可持续发展和安全发展创造良好的政策环境空间。

以山西煤炭产业政策演进为研究对象，在科学划分演进阶段的前提下，以产业政策演进中的快速发展与转型发展阶段为主要研究阶段，研究实现了对山西煤炭产业政策演进的系统分析。展望未来，我国煤炭产业的发展方兴未艾，在宏观环境约束和产业政策的双重作用下，山西煤炭产业业已走上了可持续发展和安全发展的道路，并初步实现了向高质量发展路径的迈进。从系统研究的视角来看，本研究仅仅是进行了初步探索。未来，在如何合理强化产业政策的作用，以实现产业规范化发展方面和对政策演进动力机制的定量分析方面，可以做更多的调查分析与实证研究，以为山西煤炭产业政策乃至国家煤炭产业政策的不断优化提供更好的建议。

目 录

第1章 绪　论 ··· 1
1.1 研究背景及意义 ·· 1
1.2 相关研究述评 ·· 6
1.3 研究思路、主要内容与研究方法 ································ 30
1.4 创新点 ··· 36

第2章 相关理论基础 ·· 37
2.1 政府过程理论 ·· 37
2.2 制度变迁理论 ·· 38
2.3 政府规制理论 ·· 42
2.4 政府行为外部性 ·· 43
2.5 本章小结 ·· 45

第3章 山西煤炭产业政策演进阶段划分 ···························· 47
3.1 山西煤炭资源概况 ·· 47
3.2 山西煤炭产业政策的演进阶段 ··································· 48
3.3 本章小结 ·· 59

第4章 山西煤炭产业政策演进的主导因子及其作用 ·········· 60
4.1 山西煤炭产业政策演进的影响因素 ····························· 61
4.2 主导因子筛选 ·· 64

  4.3 各主导因子的作用 ······························ 73
  4.4 本章小结 ···································· 80

第5章 山西煤炭产业政策演进动力与路径 ············· 81
  5.1 政策演进动力 ································ 81
  5.2 政策演进路径 ································ 98
  5.3 本章小结 ··································· 113

第6章 微观视域下的山西煤炭产业政策演进效果 ········ 115
  6.1 安全规制政策效果评价 ························ 115
  6.2 煤炭资源重组与整合政策效果评价 ················ 137
  6.3 本章小结 ··································· 149

第7章 山西煤炭产业政策演进效应的综合评价 ·········· 150
  7.1 政策演进与煤炭产业可持续发展 ·················· 150
  7.2 政策演进与煤炭产业安全绩效 ···················· 157
  7.3 山西煤炭产业政策演进绩效综合评价 ·············· 158
  7.4 本章小结 ··································· 168

第8章 高质量发展与山西煤炭产业政策优化 ············ 170
  8.1 高质量发展理念下的山西煤炭产业问题 ············ 170
  8.2 高质量发展与山西煤炭产业的未来 ················ 174
  8.3 优化山西煤炭产业政策演进的建议 ················ 177
  8.4 本章小结 ··································· 181

第9章 结论与展望 ······································ 182
  9.1 研究结论 ··································· 182
  9.2 研究展望 ··································· 184

参考文献 ··· 186

第1章 绪 论

煤炭产业政策演进作为一个全新的研究课题，迄今尚无相关专著。通过对山西煤炭产业政策演进过程和政策构成进行研究，不仅可以实现对山西煤炭产业政策演进动力因素的探寻和演进绩效的评价，也可以为山西省乃至全国煤炭产业制定更加科学合理的产业政策提供理论依据。本章针对这一研究课题，从煤炭产业、产业政策、煤炭产业政策三个方面进行了研究综述，根据研究需要建立了研究框架，提出了研究思路与方法以及可能的创新点。

1.1 研究背景及意义

1.1.1 研究背景

改革开放以来，国家为将山西建设成为我国能源基地以保证能源工业与经济建设的高速发展，对山西能源工业投入给予很大支持。山西煤炭产业伴随着我国经济发展的快速增长，成为山西省支柱产业。但在山西煤炭产业快速发展的同时，出现了许多煤炭产业伴生问题：煤炭行业分布散乱、规模效应差、外部不经济性明显、小而乱的现象非常突出。山西省11个资源型城市中的119个县（市、区）拥有煤炭资源，其中94个县市已经接近或几乎接近"资源枯竭城市"。始于2009年的，由山西省政府主导开展的煤炭产业大整合，使其产业集中度有了较大的提高和改善，但山西煤炭产业仍然存在安全事故多、污染严重以及节能减排的压力大等关键性问题。

2010年,山西省率先开始了国家资源型经济转型综合配套改革试验区的建设申请,并于2010年底获得国家发改委的正式批复,成为我国设立的第九个综合配套改革试验区,也是我国第一个全省域、全方位、系统性的国家级综合配套改革试验区。新时代背景下,我国经济发展方式和理念的转变又为山西实现转型发展和煤炭产业实现高质量发展提出了新的要求。因此,如何通过产业政策的规划和实施推动山西煤炭产业的可持续健康发展和安全发展,如何通过建设良好的政策环境,推动山西实现转型发展,为我国其他资源型区域提供经验借鉴,是山西煤炭产业乃至山西经济社会发展过程中面临的主要问题。

新中国成立以来,我国在不同时期以国家经济社会发展目标为依据,针对煤炭产业出台了以不同目标为重点的产业政策,这些政策对我国煤炭产业发展和规划进行了规定和约束。2006年,我国颁布了第一部完整的《煤炭产业政策》,从宏观上明确了我国煤炭产业的发展目标和政策措施。从《煤炭产业政策》内容及实施情况来看,产业政策的重点主要是促进煤炭企业的兼并重组、煤炭企业的纵向一体化和多元发展以及提高煤炭企业的规模经济效应;根据煤炭产业的资源性产业特点制定相应的产业扶持和补贴政策以提高煤炭企业的安全生产率;科学完善煤炭企业的成立审批流程,杜绝煤炭企业审批中的腐败行为;采取积极的政策措施促进煤炭企业减少安全事故,以保证社会的和谐稳定和产业的健康发展。

山西作为我国煤炭生产大省和能源基地,山西煤炭产业政策伴随着山西煤炭产业的发展得到快速发展,以国家煤炭产业政策为基础,结合山西省经济社会和煤炭产业发展状况,制定的相关规划和实施细则成为山西煤炭产业政策的重要组成部分,并构成山西煤炭产业政策体系。这些煤炭产业政策在规划山西煤炭产业布局、加强煤炭企业安全生产、提高规模经济效益、提高煤炭产业可持续发展能力和安全生产能力等方面发挥了重要作用。

山西煤炭产业政策的制定与完善,在一定程度对山西煤炭产业的规范化发展、提高煤炭产业的集约化生产水平和产业集中度起到了很好的促进作用。但是，如同其他产业政策一样，山西煤炭产业政策在政策制定和执行过程中也存在政策与现实环境不能完全匹配或政策失效等问题，尤其是在合理划定政府与市场的关系、煤炭安全生产、环境保护、产业规划等方面还存在不少问题。这些问题需要通过系统研究山西煤炭产业政策的演进过程和政策构成，分析政策过程中的主要影响因素和政策演进的动力、路径以及政策演进对产业发展产生的影响来解决，并实现对未来产业政策演进的优化和调整进行有效指导。因此，对山西煤炭产业政策演进进行研究是促进山西煤炭产业实现健康发展的关键。

1.1.2 问题提出

煤炭产业是山西省的支柱和核心产业，煤炭产业在山西经济社会发展过程中发挥着至关重要的作用，山西煤炭产业政策也随着外部环境改变及煤炭产业自身的发展而不断发展和演进。从山西煤炭产业政策产生的原因来看，一方面是政府为弥补市场失灵造成的问题，另一方面得益于国家能源产业战略规划。但是，产业政策要发挥其有效性，必然会受到诸多因素的影响。例如：政策与外部环境的兼容性、产业政策目标的合理性、政策手段与目标的匹配度、政策执行力度等。因此，只有通过对山西煤炭产业政策演进过程进行深入分析，探寻山西煤炭产业政策的发展脉络和演进机理以及其对产业发展的影响，才能为日后山西煤炭产业政策演进的优化与调整提供可借鉴的思路和操作建议，尽可能提高山西煤炭产业政策效果。

（1）山西煤炭产业政策需要系统性与全景式研究

煤炭产业的发展和煤炭产业政策的发展是相互交融的，通过两者之间的相互作用和影响实现了煤炭产业和煤炭产业政策的共同发展。不同时期的经济社会发展状况和煤炭产业自身发展状况存在很大差异，造成煤炭产业政策目标和政策手段存在较大差别。我国的经济管理体制经历了从计划经济时期到市场经济初期的过渡转折时期以及市场经济快速发展时期等阶段。现如今，伴随着新时代下我国主要社会矛盾的改变，我国经济已进入高质量发展时期。这些均在不同程度上造成了煤炭产业发展环境的变化，与此同时，也必然对产业发展和产业政策产生影响；在同一经济环境下，煤炭产业政策发展的各个阶段都有其不同的推动因素，中央政府、地方政府以及煤炭企业在内的主体在具体的煤炭产业政策过程中有不同的行为特征和预期目标，会呈现出不同的产业政策绩效。因此，只有对山西煤炭产业政策的演进过程和政策构成进行分析，对产业政策进行系统化与全景式的研究，才能分析出山西煤炭产业政策在制定和执行过程中的规律、经验、教训以及效果，以期为今后山西煤炭产业政策的制定与执行水平的大幅度提高提供借鉴和帮助。

(2) 山西煤炭产业政策的政策过程需要深入研究

从国内外学者的相关研究来看，目前对煤炭产业政策的研究大多数基于经济学理论，集中在绩效研究方面，较少从公共管理视角进行研究。从公共管理的角度来看，一个完整的产业政策过程包括产业政策问题及目标的确立、政策制定、政策执行、政策评估、政策反馈。首先，每一次产业政策的演进和变革都无一例外会涉及环境的诉求和其他演进动力，它们构成了政策演进的主要原因，也为产业政策目标的确立奠定了基础；其次，产业政策在制定和执行过程中涉及多方博弈，这种博弈必然对产业政策的演进路径和政策效果产生影响；第三，只有对产业政策的输出进行定量或定性分析，才能真正实现对产业政策演进绩效的评价；最后，必须找出所分析的产业政策的成败得失，并作为下一轮政策制定的参考和借鉴，才能实现政策的不断优化。因此，只有对山西煤炭产业政策的整个政策过程进行系统深入的研究，才能探索出山西煤炭产业政策的演进规律以便有效提高其制定与执行效果。

(3) 山西煤炭产业政策演进趋势需要研究

根据制度变迁理论，产业政策的演进都离不开对原有政策的路径依赖。对以往的山西煤炭产业政策演进的研究也是为分析山西煤炭产业政策的演进趋势提供借鉴和指引。目前，山西煤炭产业经过多年的发展，尤其经过2009年开始的煤炭资源整合，产业集中度有了很大提高，但其安全生产形势依然严峻；山西作为煤炭资源型省份面临强大的转型压力，山西煤炭产业受到绿色发展、低碳、节能减排等多种因素的影响，这些影响构成了山西煤炭产业政策继续演进的基础条件。因此，只有通过对山西煤炭产业政策的演进过程进行分析，并总结演进机理，才能清晰界定这些因素对未来山西煤炭产业政策的演进和变革的影响方向及其演进趋势。

1.1.3 研究意义

本书的选题立足于山西煤炭产业政策演进这一现实问题，并以此为抓手展开研究。目的在于阐释山西煤炭产业政策演进的内在逻辑和规律。在此基础上，实现对典型阶段的山西煤炭产业政策演进效应的分析及评价，为未来山西煤炭产业政策演进的进一步优化提供建议，为提升产业政策制定与执行效果、促进山西煤炭产业可持续健康发展和安全发展提供借鉴和参考。研究具有以下理论和现实意义。

(1) 有利于促进对我国煤炭产业政策的全面研究

迄今为止，众多学者对煤炭产业政策方面的研究主要集中在产业组织政策、产业政策绩效、产业技术、安全生产等某一个方面，对煤炭产业政策制定与执行全过程中的研究仍然是一片未开垦的土地，缺乏系统性的、全面的研究。根据公共政策理论和制度变迁理论，外部环境因素和政府在政策演进和政策执行方面的干预是影响产业政策及其效果的重要因素。因此，本书以山西煤炭产业政策演进过程中政策目标的确立、政策制定、政策执行、政策评价为主线，对山西煤炭产业政策演进过程中的环境因素、动力机制、演进路径、政策有效性和绩效等进行全方位研究。通过对山西煤炭产业政策进行全景式与系统性研究，为开展我国煤炭产业政策体系全面研究提供理论依据。

(2) 有利于提升山西乃至我国煤炭产业可持续发展和安全发展能力

煤炭产业是山西省的核心支柱产业，煤炭产量一直占全国总量的25%左右，煤炭外调量占全国省际外调量的75%以上。国家和山西省都非常重视山西省煤炭产业的健康发展，针对山西煤炭产业制定了许多相关的产业政策以规划和扶持其健康可持续发展。然而，从山西现有的煤炭产业发展状况来看，仍然存在煤炭产业"一业独大"、煤炭生产安全形势严峻、煤炭产业节能减排和推进循环经济建设任重道远等问题。我国《煤炭工业十三五发展规划》指出：到2020年，煤炭开发布局科学合理，供需基本平衡，生产效率和企业效益明显提高，安全生产形势根本好转，安全绿色开发和清洁高效利用水平显著提升，煤炭治理体系和治理能力实现现代化，基本建成集约、安全、高效、绿色的现代煤炭工业体系。但纵观山西煤炭产业的发展现状，其发展过程中不平衡、不协调、不可持续问题依然突出；化解潜在产能的困难依然严峻；煤炭生产效率低、煤矿发展水平不均衡、企业竞争力弱等现实问题仍是主要问题。同时，清洁发展水平、安全生产形势和科技创新能力等核心要素也呈现出较大的不足。煤炭产业的发展现状与规划中的发展目标存在非常大的差距。通过对山西煤炭产业政策进行全面、系统的研究，探寻其内在的演进规律，对制定科学合理的产业政策、界定好政府管制与市场机制的关系、提高产业政策效果，以提升山西乃至我国煤炭产业健康发展和高质量发展能力，实现煤炭产业可持续发展和安全发展具有重要的现实意义。

1.2 相关研究述评

从研究的需要和主题构成看，与本书相关的研究主要集中在煤炭产业研究、产业政策研究、煤炭产业政策研究三个方面。

1.2.1 国外研究概述

与本研究相关的国外研究主要集中在产业政策研究方面，其主要包括：产业规制研究和产业政策有效性研究两个方面。

(1) 产业规制研究

Viscusi（1995）等认为，产业规制是政府以制裁手段，对个人或组织的自由决策的一种强制性限制[1]。政府的主要资源是强制力，产业规制的目的是通过强制力的运用，限制经济主体的决策范围。植草益（1992）在定义产业规制时，把产业规制限定在限制行为上，认为产业规制是社会公共机构依照一定的规则对企业的活动进行限制的行为[2]。Samuelson（1953）也把产业规制限定在政府对产业行为的限制上[3]。Stiglitz（1976）则将规制拓展到更广大的范围，认为政府对产业的保护、扶持以及合理化和转换等，都应看作属于政府微观规制的范畴，比如为促进技术创新进行的税收和减轻反托拉斯法的执行力度，以及对幼稚工业的保护等都属于规制的范围[4]。

政府规制的公共利益理论以市场失灵和福利经济学为基础，认为规制是政府对公共需要的反应，是为弥补市场失灵，提高资源配置效率，实现社会福利最大化。因此，通过规制提高社会福利水平是进行产业规制的目的之一。在这方面的研究主要包括以下几个方面。

Owen 和 Braeutigam（1978）将规制看作是服从公共需要而提供的一种减弱市场运作风险的方式，也表达了规制体现公共利益的观点[5]。Porter，Linde（1995）认为市场规制能够动态促进产品质量的提升与企业的科技创新，通过这些举措不仅能够在一定程度上规避规制，在客观上也促进了市场开发与企业经济效益的提升[6]。Dean，Brown（2000）认为企业在规制背景下，对规制的内容与要求的学习是一个渐进的过程，要满足规制要求，企业需要用比较长的时间来学习规制要求，如学习节

---

[1] Viscusi K W, Vernon J M, Jr J H E.Economics of regulation and antitrust[M]. MA: The MIT Press, 1995.

[2] 植草益.微观规制经济学[M].北京：中国发展出版社，1992.

[3] 保罗·萨缪尔森，威廉·诺德豪斯.经济学[M].北京：华夏出版社，1995.

[4] 乔治·斯蒂格利茨.经济学[M].北京：中国人民大学出版社，1997.

[5] Owen, Bruce M, Braeutigam, R.Ronald.The regulation game: strategic use of the administrative process[M].Cambridge: Ballinger Pub.Co., 1978.

[6] Linde P C V D.Toward a new conception of the environment-competitiveness relationship[J].Journal of economic perspectives, 1995, 9 (4): 97-118.

能减排技术，以降低生产能耗，减少污染；学习安全生产技术，降低事故发生的频率。因此，企业需要投入时间、金钱等成本，但是企业付出这些成本的同时，间接促进了其生产水平的提升[1]。从规制政策对矿山安全保障和安全事故的影响出发，Page（2009）利用美国矿山健康与安全管理局掌握的4649个地下煤矿1983—1999年发生的意外事故数据，考察企业组织结构对矿山意外事故的影响后发现，由于大矿对规制更为敏感、遵从规制的规模经济效应显著和内设规制机构的专业化分工优势，发生的事故比小矿少，而且矿山事故与矿山规模呈现倒U型关系[2]。Shi（2009）运用1995—2006年中国煤矿数据也证明了中小煤矿造成的矿工死亡率高于大煤矿[3]。

在对产业规制效果进行正面肯定的同时，一些学者对规制的公共利益理论和规制效果提出批评，丰富了规制理论研究的内容。这些研究主要包括以下几方面。

Viscusi，Vernon和Harrington（1995）指责规制的公共利益理论缺乏对立法行动和规制完成机制的分析，且对规制发生的论断没有进行实证检验[4]。Utton（1986）不仅指出了公共利益理论以市场失灵和福利经济学为基础的狭隘性，而且用次优理论从根本上批判了公共利益理论，进而认为，在某些重要部门中，由于经济受到某些竞争方面的限制，因此，零星地制定一些能够确保竞争得以运行的规制政策，可能并不一定

---

[1] Dean Thomas J, et al.Environmental regulation as a barrier to the formation of small manufacturing establishments[J].Journal of environmental economics & management, 2000, 40 (1): 56-75.

[2] Page K.Blood on the coal: The effect of organizational size and differentiation on coal mine accidents[J].Journal of safety research, 2009, 40 (2): 85-95.

[3] Shi X.Have government regulations improved workplace safety? A test of the asynchronous regulatory effects in China's coal industry, 1995-2006[J].J Safety Res, 2009, 40 (3): 207-213.

[4] Viscusi K W, Vernon J M, Jr J H E.Economics of regulation and antitrust[M]. MA: The MIT Press, 1995.

会使资源配置达到最优,实际上这些政策会使经济背离而不是趋于竞争限制下的最优化①。Dasgupta和Lucas(2002)对比研究墨西哥和巴西的制造业发现,随着工厂规模的扩大,墨西哥制造业人均或单位产出污染排放呈下降趋势,然而,巴西与空气污染相关的工业死亡更多的是由大工厂造成的②。Merlevede和Verbeke(2006)通过在反映经济发展与环境关系的环境库兹涅茨曲线(EKC)简约回归方程中加上企业规模变量,并利用美国环保署掌握的1971—1992年全球二氧化硫、悬浮物和烟尘数据,对企业规模与环境污染的关系进行了计量检验,证明经济发展初期,企业规模较大的国家与规模较小的国家相比环境恶化更为严重③。Millimet(2003)对美国煤矿企业和医药企业的规制进行研究发现,1970—1976年,由于美国《煤矿安全与健康法》的实施,使得年产量不到5万吨的中小煤矿每人日产出由占全部产出的13.72吨下降到8.5吨;1960—1980年,由于更为严厉的《食品、药品和化妆品法》修正案的执行,美国中小医药企业的研发创新活动以及引入的新药不断减少,大医药企业引入的每种新药的销售收益却日益增加④。

Schoonbeek 和Frans(2009)利用博弈论建立包括规制者、排污垄断企业和潜在进入者三方构成的博弈模型,研究了社会福利最大化的最优排污税问题。结果发现,政府制定的高额排污税,虽然在一定程度上增加了企业排污的成本,可以减少企业排污行为,但是也因此而阻挡了潜在进入者,强化了行业现有企业的生产地位⑤。这一案例说明,规制者

---

① MA Utton.The economics of regulating industry[J].Economica, 1986, 55 (217): 148.

②Dasgupta S, Lucas R E B, Wheeler D.Plant size, industrial air pollution, and local income: Evidence from Mexico and Brazil[J].Environment and development economics.2002: 7 (2): 365-381.

③Merlevede B, Verbeke T, Clercq M D.The EKC for SO2: does firm size matter? [J].Ecological Economics, 2006, 59 (4): 451-461.

④Millimet D L.Environmental abatement costs and establishment size[J].Contemporary Economic Policy, 2003, 21 (3): 281-296.

⑤Schoonbeek L, Vries F P D.Environmental taxes and industry monopolization [J].Journal of Regulatory Economics, 2009, 36 (1) 94-106.

与被规制者的利益并不是在所有情况下的完全对立。当规制者和被规制者的利益存在一致性时，规制者的行为实际上保护了被规制者的利益，二者形成了相互获利的局面。Crew和Kleindorfer（1986）认为公共利益理论中"公共利益"术语本身就是模糊的，通过规制来实现竞争的功能，只是一个虚无缥缈的幻想①。

Baumol和Klevorick（1982）提出了规制滞后效应理论，认为在政府调整规制政策的间隔期内，被规制企业有可能获得超过正常利润的利润率。Kahn（1988）指出，规制压制技术创新，漠视无效率的出现，会引起工资和价格螺旋式上升，造成严重的资源无效率配置，引起成本推动型通货膨胀并无益于竞争的扩大，拒绝采取在竞争市场中所提供的价格多样性和对质量的选择。

对规制中存在的逆向选择问题，Basanko和Sappington（1987）指出，规制者的政策手段体现在所提供的各种不同的合同设计上，用于保证面临不确定性时企业能够提供真实信息。因为，成本低的企业一般会选择高激励强度的合同，成本高的企业一般会选择低激励强度的合同。由于受到公共部门具有多个委托人分权特征的影响，规制效果可能不尽人意。Baron和Martimort（1982）对这种多重委托人或公共代理人结构进行了理论分析。他们假设，监督技术决定规制职责，不同规制机构职责的分配是与其监督技术相对应的。因此，每个规制机构只能在自己职责范围内订立合同，结果势必导致规制过程中规制机构的不合作行为，最终的纳什均衡是每个规制机构以分散化的方式向企业提供规制机制。规制机构之间的这种不合作行为将导致给企业提供过强或过弱的激励，具体情况取决于规制机构所控制活动的性质。

关于现代规制理论的要点，Laffont和Tirole（1993）作了相对完整的阐述。他们强调由于存在信息不对称，效率和信息租金永远是一对共生的矛盾，在得到效率的同时，必须留给企业信息租金，而信息租金会带来社会成本。因此，规制控制并不是免费午餐，虽然规制可以避免企业

---

①Micael A Crew, Paul R Kleindorfer.The Economics of Public Utility Regulation[M].London: The Macmillan Press, 1986.

得到垄断利润,但必须付出效率的代价,为了得到最好的规制政策,政府需要尽可能地利用企业的私有信息。

通过以上综述可以看出,在明确规制尤其是社会性规制带来社会福利改善的同时,学者们对规制的效果和规制的必要性也形成了不同见解,这也为对规制的全面理解提供了借鉴依据。

(2) 产业政策有效性研究

产业政策(Industrial Policy)作为政府为实现一定的经济和社会目标,对产业的形成和发展进行干预的各种政策的总和,其功能主要是弥补市场缺陷,有效配置资源;保护民族产业的成长;熨平经济震荡;发挥后发优势,增强适应能力。在产业政策的制定与实施过程中,产业政策有效性是对产业政策研究中较有争议的问题之一,并形成了有效和无效两种不同的观点。

Bator(1958)认为由于在交易者之间存在障碍,造成自愿交易发生困难、交易者双方交易界区不清楚、产权难以人格化的某些物品、市场上存在垄断、市场存在外部性等情况下,市场制度就会出现不合理的活动,国家对市场进行干预可以有效克服市场失灵带来的混乱[1]。Beason和Weinstein(1996)通过对日本在1960—1973年间产业政策与产业发展的相关资料进行统计分析发现,当日本产业政策诱导生产要素向支持的产业流动时,部门产业政策的导向性往往与部门生产力增长和长期的部门产出增长之间存在负相关性。日本产业政策提供的税收优惠、补贴信贷和保护所提供的帮助,并没有使资源进入那些发展最快的部门,而是进入了那些趋于衰退或者成熟、前景有限的行业,如煤炭、石油和纺织工业。这一结论对日本产业政策的有效性提出了挑战[2]。Henry Etzkowitz和Sandra N Brisolla(1999)对拉美和东南亚的产业政策有效性进行研究,对比巴西及韩国的经验,分析了为什么干涉技术政策在巴西会失败,而

---

[1] Bator F M.The anatomy of market failure[J].Quarterly Journal of Economics, 1958, 72 (3): 351-379

[2] Beason R, Weinstein D E.Growth, Economies of Scale, and Targeting in Japan (1955-1990) [J].Review of Economics and Stats, 1993, 78 (2): 288.

在韩国却能够成功。Ackroyd（2000）分析了日本软件业的发展状况，他发现日本软件业的产业政策没有起到有效的作用，相反产业政策的一系列制度安排却造成了日本软件业企业竞争力的下降。2008年，通过转变对日本产业政策分析的重心，高柏从产业政策如何影响经济治理结构的角度，分析了思想和意识形态对产业政策有效性所起的作用[①]。

1.2.2 国内研究概述

与本研究相关的国内研究主要集中在煤炭产业研究、产业政策研究和煤炭产业政策研究三个方面。

（1）煤炭产业研究

煤炭产业的发展是煤炭产业政策制定的基础，是煤炭产业政策的主要影响因素。产业政策的产生主要是源于市场的失灵，是政府为应对无法通过市场自身纠偏而产生的一种政府行为，其目的是实现对由市场机制造成的外部性的规制。因此，只有研究好煤炭产业，掌握和理解煤炭产业发展的特点和规律，处理好煤炭产业与其他相关产业以及与区域经济社会发展之间的关系，才能制定有效的煤炭产业政策。从现有研究来看，我国对煤炭产业的研究主要集中在市场结构、煤炭产业竞争力、煤炭市场效率、煤炭产业在低碳理念下的发展等方面。

王峰、吕渭济、杨德武（2004）以煤炭产业的适度发展为出发点，在考虑中国经济发展速度与综合经济平衡的前提下，基于动态投入产出分析技术以及多目标规划理论建立煤炭产业多目标动态投入产出优化模型。根据各产业煤炭消耗变化规律提出了应用马尔科夫概率模型修订直接消耗系数的方法，同时应用计量经济学方法对中国未来十年的煤炭消耗量做出了预测，为准确求解该模型提供了依据[②]。牛勇平（2005）建立了一个简单的竞争模型用于解释我国煤炭产业竞争的演变过程。研究

[①] 高柏.经济意识形态与日本产业政策[M].上海：上海人民出版社，2008.
[②] 王峰，吕渭济，杨德武.煤炭产业动态投入产出多目标优化模型[J].辽宁工程技术大学学报（社会科学版），2004（5）：254-255.

发现法令和政策提高了安全和技术门槛，煤炭产业有由垄断竞争向寡头竞争过渡的趋势①。孟祥华（2006）认为煤炭产业高级化是我国煤炭产业发展的出路，产业高级化的动力包括需求推动、科技推动、竞争推动等②。李艳梅、杨涛、张雷（2007）根据哈佛学派的"集中度—利润率假说"，对1990—2005年中国煤炭产业的市场集中度和所有权集中度与利润绩效和安全绩效之间的关系进行了实证分析。结果表明，以HHI指数表示的市场集中度的提高对利润绩效和安全绩效的改善有着显著的影响；而国有所有权集中度的提高则对利润绩效和安全绩效无显著影响。同时，通过引入虚拟变量，发现煤炭产业市场化改革有利于其绩效的改善③。刘劲松、苏玲敏（2007）研究了煤炭产业政策与竞争政策之间的矛盾关系④。陈耀（2007）对我国煤炭产业政策、前景与价格的关系进行了分析⑤。李想（2007）以产业组织学理论的SCP范式为基本分析框架，考察了我国煤炭行业的产业组织状况。研究表明，由于管理体制的制约、市场结构过于分散以及由此导致的市场行为不规范等诸多因素的影响，现阶段我国煤炭行业的市场绩效普遍较低。为了转变这种状况，对煤炭企业进行兼并、重组以及资源整合便成为大势所趋⑥。董江（2009）针对"公共地悲剧"较大程度存在于我国煤炭产业这一现象，从理论和博弈两个角度进行分析，认为只有依靠清晰的煤炭资源开采产权制度，才能消除煤炭资源的"公共地悲剧"现象，解决对资源的

---

①牛勇平.基于特性演化的煤炭产业竞争模型研究[J].工业技术经济，2005（7）：100-106.

②孟祥华.煤炭产业结构高级化的标志和根本动力机制[J].煤炭经济研究，2005（12）25-26.

③李艳梅，杨涛，张雷.中国煤炭产业集中度与绩效的实证分析[J].北京交通大学学报（社会科学版），2007（1）：11-14.

④刘劲松，苏玲敏.煤炭产业改革中的政策选择与协调[J].煤炭经济研究.2007（11）：8-11.

⑤陈耀.我国煤炭产业的前景、政策及价格分析[J].中国能源，2007（9）：22-26.

⑥李想.结构、行为和绩效：煤炭行业的产业组织分析[J].山西财经大学学报，2007（4）：72，91.

过度竞争问题①。王帮俊、杨东涛（2011）基于系统建模的思想，构建了煤炭产业链的自组织演化系统动力学模型。以淮北矿业集团为例，通过分析煤—电、煤—化工和煤—焦化等煤炭产业链的发展现状，对三种类型产业链的演化过程进行了模拟分析，结果发现煤炭产业链整体的演化轨迹符合Logistics方程所描述的S形曲线趋势。同时，依据仿真结果为煤炭产业链的发展和延伸提供了相关建议②。陈立武、李冬东（2011）在分析和探讨技术创新及其战略理论的基础上，分析了我国煤炭产业的技术创新及其战略问题。认为由于技术发展阶段差异较大的特点的存在，先进企业的创新战略应选择率先创新与模仿创新并存的方式，其他大多数企业则应主要采用模仿创新战略，以形成产学研相结合、主体及模式多元化的集成创新格局③。李夏燕、张瑞琴、铁甲（2011）分析了我国煤炭产业发展环境，认为低碳高效利用是煤炭产业发展的方向④。刘耀彬、宋文君、万力（2011）利用SOFM模型，将中部地区典型煤炭城市发展接续产业响应模式进行了系统分类，并确定了四类响应模式和相应阶段的特征，针对煤炭城市接续产业响应模式提出了相应的政策建议⑤。张意翔（2011）以煤炭产业土地环境、煤炭产业水环境、煤炭产业大气和煤炭产业生态控制力为基本指标。运用计量模型对2005—2009年间我国煤炭产业生态安全度进行了评价。进而认为，尽管我国煤炭产业处于基本生态安全状态，但是这期间的煤炭产业生态安全度在不断减弱。为此，可以从实施节约优先的发展战略、综合开发利用与煤共生资

---

①董江.我国煤炭产业"公共地悲剧"的分析与对策[J].改革与战略，2009（12）：151-153.

②王帮俊，杨东涛.基于系统动力学视角的煤炭产业链自组织演化过程与仿真：以淮北矿业集团为例[J].武汉理工大学学报（社会科学版），2011（5）：680-687.

③陈立武，李冬东.煤炭产业技术创新战略的探讨[J].中国工程科学，2011（11）：26-32.

④李夏燕，张瑞琴，铁甲.中国煤炭产业发展环境分析[J].科技创新与生产力，2011（2）：94-95.

⑤刘耀彬，宋文君，万力.中部地区典型煤炭城市接续产业响应模式分析及比较[J].人文地理，2011（3）：56-59.

源和煤矿废弃物、加强节能和能效管理等方面入手提高煤炭产业生态安全度，促进社会的持续发展①。吴岑、黄艳波（2012）运用产业内贸易理论，对可能影响煤炭产业内贸易的主要现实因素进行了总结分析，根据分析结果发现在行业产业内贸易发展中，存在整体水平较低、企业规模不经济、专业化分工低、科学技术水平落后、全员劳动生产率低等问题，以此为依据，提出了提高行业集中度、技术革新、优化企业组织等政策建议②。王习（2018）认为我国煤炭产业可以从金融内部化和金融外部化两个视角选择适宜的产融结合模式，政府引导下的市场化产融结合之路是当前煤炭产业的首选。同时，从产业层面来说，构建富有活力的煤炭产业体系是关键节点；从企业层面来说，要坚持走以"产"为核心的产融结合之路③。张丹丹（2019）对我国省级煤炭产业生态效率进行了评价研究，研究发现2013—2017年间中国煤炭产业静态生态效率有逐年变好趋势但仍表现为非DEA有效。北部沿海地区生态效率值明显高于其他地区，黄河中游、西北和西南煤炭产业的生态效率值排名相对靠后；环境技术效率提高是带动煤炭产业动态生态效率提升的主要原因④。赵晟楠（2020）运用DEA-Malmquist指数法测算煤炭全要素生产率变化率及其分解效率，发现现阶段我国煤炭产业整体的全要素生产率变化率呈下降趋势。而企业规模的扩大不利于促进煤炭产业全要素生产率的提升，研发投入对企业效率产生显著抑制作用，政府扶持对企业效率具有正面影响⑤。王琪（2020）对煤炭产业发展过程中的环境保护进行了研

---

①张意翔.中国煤炭产业生态安全评价及政策建议[J].企业改革与发展，2011（2）：163-165.

②吴岑，黄艳波.影响中国煤炭行业产业内贸易发展的因素分析[J].中国煤炭地质，2012（1）：74-77.

③王习.我国煤炭产业产融结合模式选择及路径研究[D].唐山：华北理工大学，2019.

④张丹丹，杨力.基于超效率SBM的中国省级煤炭产业生态效率评价研究[J].四川理工学院学报（自然科学版），2019，32（05）：87-93.

⑤赵晟楠.大型煤炭基地全要素生产率影响因素研究[J].煤炭经济研究，2020，40（04）：69-75.

究，提出应在国家、地方政府和企业层面强化生态环境保护；从提升资源配置、促进煤炭产业转型升级、加强创新驱动等方面促进资源合理开发；须通过制度保障提升科研协作的成效，促进煤炭绿色开采及清洁利用。在注重环保的同时，落实环境一体化产业政策，向环境依存度较低、知识密集型方向发展，可促进整个行业的可持续发展[1]。

山西作为我国煤炭资源大省，针对山西煤炭产业的研究是我国煤炭产业研究的主要内容之一，研究主要集中在产业集中度和产业结构方面。

张莲莲、韩身智（2001）认为推进洁净煤技术产业化是山西煤炭工业发展的必然选择。从国内外洁净煤技术的发展来看，山西洁净煤技术开发、推广、应用的速度决定山西煤炭工业的发展前景[2]。马旭军（2007）认为山西煤炭产业发展存在着经济对煤炭产业依赖程度过高、安全与环境问题突出、煤炭综合利用效率不高等问题[3]。张永胜、牛冲槐（2007）认为山西煤炭产业散、小、乱等特点突出，有资源优势但缺乏产业优势。山西省要提升自身的煤炭产业竞争力，必须走产业集群式的发展道路。为此，需要扩大山西煤炭产业发展的规模效应、提升产业准入门槛、通过行业的并购重组以增强行业发展的竞争力，促使山西煤炭产业尽快完成产业转型，化资源优势为产业优势[4]。赵济萍、郝令文（2008）研究了山西煤炭产业绿色化发展过程中存在的问题[5]。师岩（2008）利用波特钻石理论分析了山西煤炭产业的竞争力情况[6]。梁姗姗

---

[1] 王琪.煤炭产业环境保护的路径探讨[J].陕西煤炭，2020，39（01）：96-98+141.

[2] 张莲莲，韩身智.洁净煤技术产业化是山西煤炭工业发展的必然选择[J].山西能源与节能，2001（3）：17-20.

[3] 马旭军.山西煤炭产业可持续发展研究[J].山西高等学校社会科学学报，2007（2）：50-51.

[4] 张永胜，牛冲槐.山西煤炭资源型城市产业转型的系统评判[J].山西高等学校社会科学学报，2007（8）：52-56.

[5] 赵济萍，郝令文.山西省煤炭产业"绿色化"存在问题及对策研究[J].中国市场，2008（6）：18-19.

[6] 师岩."钻石体系"下的山西煤炭产业竞争力研究[J].中共山西省委党校学报，2008（6）：85-87.

(2009)分析了煤炭产业发展的现状,从产业集中度的角度系统地分析和研究了我国煤炭产业的市场结构,揭示了中国煤炭产业结构的现状,指出煤炭产业结构优化须考量的因素,在此基础上,提出了优化煤炭产业市场结构的建议①。兰荣杰(2009)研究了山西煤炭产业转型与山西产业结构调整,山西煤炭安全生产与产业链延伸的关系②。左青山、成凤(2010)从延伸产业链,实现产业循环的角度对煤炭生产安全进行了研究③。张宇驰(2010)分析了山西煤炭产业重组的绩效④。朱先奇、李鹏(2010)认为煤炭产业的核心竞争力充分体现在核心产品、核心技术和核心能力上,煤炭产业核心竞争力和产业集聚效应具有正相关性关系。进行煤炭产业整合,以充分发挥集聚效应是山西省煤炭产业克服发展瓶颈、走出困境、实现区域战略转型的重要决策⑤。唐静、冯套柱、杜丽娟(2011)运用统计学相关方法及统计软件,对我国煤炭产业集中度的主要影响因素进行定量实证分析,最终确立了期初集中度、进入壁垒、市场容量、扩张能力等指标与煤炭产业集中度之间的数量关系,为制定促进我国煤炭产业又好又快发展的产业政策提供了参考⑥。秦志敏、何海明(2010)认为山西煤炭产业在发展中存在科技人才缺乏、管理水平差、煤炭科技成果转化率低等问题。提升山西省煤炭产业这一支柱产业的科技支撑力度,加大煤炭产业、产品的科技含量,发挥资源优势,

---

①梁姗姗.基于产业集中度的中国煤炭产业结构优化研究[J].中国矿业大学学报(社会科学版),2009(2):85-88.

②兰荣杰.山西煤炭产业转型及相关性研究[J].山西能源与节能,2009(5):46-50.

③左青山.成凤.中国煤炭安全后续研究:延伸煤炭产业链,实现产业循环发展[J].现代商贸工业,2010,22(18):267.

④张宇驰.政府行为与产业重组:基于山西煤炭业整合的分析[J].理论界,2010(2):56-57.

⑤朱先奇,李鹏.山西煤炭产业核心竞争力集聚效应分析[J].山西高等学校社会科学学报,2010(6):23-26.

⑥唐静,冯套柱,杜丽娟.中国煤炭产业集中度影响因素分析[J].西安科技大学学报,2011(5):311-316.

实现经济发展的平稳升级已势在必行①。何永涛（2010）阐述了产业融合理论的产业结构优化升级的微观原因，描述了产业融合推动产业结构优化升级的宏观表现。通过对山西煤炭产业的融合发展进行分析，提出了如何利用产业融合带动产业结构优化升级的措施②。袁元生（2011）对山西煤炭产业整合进行了肯定，他认为山西煤炭产业整合仅仅是完成了山西煤炭产业整合转型的第一步，但山西省不能仅仅满足于此，而应该抓住可持续发展这个主线，以低碳经济和循环经济理念推动山西煤炭产业的可持续发展③。武东升、赵雪照（2011）通过分析循环经济产业链的特点，对山西煤炭循环经济产业链存在的问题进行分析，提出了优化山西煤炭循环经济产业链的建议④。张巨峰等（2011）建立山西煤炭与经济发展的耦合度模型，并进行实证研究。研究认为，山西省煤炭资源开采带来的社会经济效益一直处于优势地位，煤炭综合开采利用以及煤炭产业和社会经济耦合协调度都由勉强协调向良好协调转变。"七五"至"十一五"时期，山西省的发展类型由勉强协调发展环境滞后型向良好协调发展环境滞后型转变，生态环境发展保护仍然值得关注⑤。沈洁、陈新国（2013）通过构建基于SCP范式的山西煤炭市场绩效指标体系，对山西煤炭产业市场绩效进行了研究。结果表明，山西省煤炭产业的市场绩效与市场集中度、规模经济等因素成正相关关系，与销售率、进入壁垒、退出壁垒成负相关关系。现阶段，建设大型煤炭基地，保持适度竞争，建立退出机制，优化创新机制是提升山西煤炭产业市场

---

①秦志敏，何海明.科技支撑山西煤炭产业发展存在的问题[J].科技创新与生产力，2010（7）：33-35.

②何永涛.基于产业组织理论的产业融合研究：以山西煤炭产业为例[J].知识经济，2010（24）：5-6.

③袁元生.关于山西煤炭产业整合发展的研究[J].中国总会计师，2011（3）：65-67.

④武东升，赵雪照.山西煤炭企业循环经济产业链优化问题初探[J].山西煤炭管理干部学院学报，2011（1）：6-8.

⑤张巨峰，王洋，郑元锟，戴林超，李磊，窦军武，贾川.山西省煤炭产业与区域经济耦合协调性研究[J].矿业工程研究，2011（6）：61-65.

绩效的关键①。马秀媛（2015）基于可持续发展的视角，认为山西综改区的设立为山西煤炭产业发展带来机遇，煤炭产业自身的技术创新和技术进步能够使山西煤炭产业冲破阻碍，实现转型升级和可持续发展②。刘泽华（2018）对山西煤炭产业产能过剩问题进行了研究，认为，现阶段在产能过剩背景下，山西省可以个性化选择扶植新兴主导产业模式和延伸煤炭产业链模式两种途径进行转型升级③。

（2）产业政策研究

林毅夫和张维迎的产业政策"世纪之辩"，成为全国热点话题，从现实来看，二人的学术争论核心在于"产业政策是否有效"，本质在于辨析政府和市场的边界。柳学信、王文举（2006）认为产业规制的过程实际上是规制机构、被规制企业、消费者和其他利益集团之间的利益博弈过程，各个博弈参与者不仅为了追求自身利益的最大化而进行寻租和相互影响，而且还通过相互之间的影响决定着博弈规则的形成。因此，为促进我国自然垄断产业的改革，既需要创造制度环境，同时也必须界定清晰可行的规制目标和关注改革过程中的隐形成本问题④。曾世宏（2008）认为在具有信息不对称、信息不完善、外部性和行政垄断性的产业组织里，政府的产业规制政策即使通过给企业家提供一定的报酬激励以鼓励企业家创新才能的配置，但仍然存在逆向选择和道德风险的机会主义行为。只有提高对企业家创新活动丰厚报酬激励以及对企业家从众行为惩罚的可信承诺，企业家的产业组织活动和政府的产业规制博弈才有纳什均衡解⑤。张泽一、赵坚（2008）认为产业政策与市场机制都

---

①沈洁，陈新国.基于SCP范式的市场绩效影响因素研究：来自山西煤炭产业的数据[J].财会通讯，2013（12）：107-110.

②马秀媛.技术进步视角下的山西煤炭产业可持续发展[J].产业与科技论坛，2015，14（13）：24-25.

③刘泽华.产能过剩背景下山西省煤炭产业转型升级研究[D].太原：山西财经大学，2018.

④柳学信，王文举.博弈论视角下的自然垄断产业规制改革[J].改革，2006（3）：32-36.

⑤曾世宏.产业演化、产业规制与企业家才能配置：以中国制造业产业价值链升级为例[J].河北经贸大学学报，2008（6）：37-41.

是资源配置的手段,对待产业政策不能简单地做出有效还是无效的判断;产业政策作为弥补市场失灵的一种制度安排,必不可少,对于推动经济社会的发展至关重要①。赵玉、江游(2012)提出,产业作为一个国家经济发展的依托,产业政策是国家干预社会经济的立足点和落脚点,因此,加强产业政策法体系的构建,实现国家对产业调整的法治化,具有特别重要的意义②。郑汉(2018)基于"十一五"和"十二五"规划的准自然实验,对我国产业政策的连续性对产业生产率的影响进行了探讨,研究结果表明,产业政策的连续有利于行业生产率的增长和技术效率的改善,但是其促进效果不明显;而在一个行业内长期施行产业政策不仅会减弱行业的产出增长率,同时还会对行业的技术变化有明显的抑制作用③。黄少安(2019)针对我国产业政策的有效性问题进行了研究,认为"政府是否需要制定和实施产业政策"本身就是一个伪问题。提升产业政策有效性的关键在于政府应把以优化产业结构和提高产业质量的产业政策作用的重点转移到生产要素上来④。

基于中央政府和地方政府博弈的角度,我国学者对产业政策进行了详尽的研究,其主要包括以下内容。

张许颖(2004)通过分析地方政府与中央政府之间、地方政府与地方政府之间的产业结构调整博弈模型,发现产业政策失效的原因主要包括:在缺乏产业发展中利益协调机制的前提下,地区利益障碍的存在;政府行为有限性的约束;经济改革的不彻底以及产业政策的时效差别影响等⑤。夏永祥、王常雄(2006)建立了中央政府和地方政府的博弈模型,研究发现中央政府和地方政府的博弈源于两个方面,一是1994年度

---

① 张泽一,赵坚.产业政策实施效果的分析与述评[J].中国流通经济,2008(07):28-30.

② 赵玉,江游.产业政策法基础理论问题探析[J].天府新论,2012(06):70-74.

③ 郑汉.产业政策的连续对产业生产率的影响:基于十一五和十二五规划的准自然实验[J].时代金融,2018(35):31-32.

④ 黄少安.把产业政策的作用重点转移到生产要素[J].财经问题研究,2019(09):29-35.

⑤ 张许颖.产业政策失效原因的博弈分析[J].经济经纬,2004(1):71-74.

实行的中央和地方的分税制，大部分税收被中央政府拿走，而地方政府则面临财权与事权的不平等；二是不合理的政绩考核体制，尽管中央在2003年就提出了科学发展观，但是由于地方对经济增长和财政收入的追求，导致政绩考核GDP化。致使地方政府在与中央政府博弈的过程中，更多的是考虑如何促进地方经济利益，与中央政府从全局考虑的观点不一致。要打破地方政府与中央政府博弈的僵局，需要改革分税制，做到地方财权与事权的统一，同时要改革官员的政绩考核方式，建立综合的而非单一评价经济发展的绩效评估新模式[1]。张国民、陈进（2011）运用博弈论的方法，构建了一个进行产业政策选择的有限完全信息动态博弈模型，并利用该模型在地方保护主义的产业扶持和提供外部经济环境的引资偏好的政策选择之间求取精练纳什均衡解，通过这一均衡解的获得，实现合理利用地方比较优势[2]。堵琴囡（2011）认为现有研究所提出的消解公共政策执行阻滞现象的对策多为事后性对策，且偏重于刚性方式。以博弈论为理论基础，通过建构传统策略下中央与地方政府的策略互动、"协调"作为中央策略下的策略互动、协调引入博弈最始端下的策略互动三个博弈模型，比较得出将协调引入公共政策的制定和执行中，将有助于公共政策执行阻滞现象的减少和消除，并在此基础上提出以协调为理念构建的对策[3]。张纯、潘亮（2012）基于我国各级政府利益博弈视角，考察了产业政策的有效性[4]。杨继东、罗路宝（2018）基于产业政策对土地资源空间配置的影响的研究，认为在中国特定的体制下，在实行某种产业政策的时候，需要考虑地方政府间竞争对产业政策

---

[1] 夏永祥,王常雄.中央政府与地方政府的政策博弈及其治理[J].当代经济科学,2006（2）：45-51.

[2] 张国民,陈进.地方政府在保护主义与引资偏好产业政策选择中的动态博弈分析[J].技术与创新管理,2011（4）：369-373.

[3] 堵琴囡.协调：一种应对公共政策执行阻滞现象的理念：基于公共政策执行中中央与地方的博弈分析[J].湛江师范学院学报,2011（5）：107-111.

[4] 张纯,潘亮.转型经济中产业政策的有效性研究：基于我国各级政府利益博弈视角[J].财经研究,2012,38（12）：85-94.

实施效果的影响[1]。郭小聪、吴高辉、李刘兴（2019）通过对我国政策执行进行研究，认为，政策执行过程中，地方政府试图运用"超常规施压"和"超常规问责"的双重压力机制推动政策实施；而基层政府以及部门则在双重压力机制下陷入三重困境，并引发策略性应对机制。而政策执行中的多重行为差异根源于政策本身的缺陷、政策执行者的风险规避和自有余地[2]。

张泽一、赵坚（2009）从企业能力理论的角度对产业政策的有效性问题进行了分析，认为能力构建导向的产业政策对产业发展会起到有效的促进作用。产业政策应该强调竞争性，鼓励企业的自主研发和自身能力的构建[3]。张鹏飞、徐朝阳（2007）回顾了政府产业政策有效性的论证，通过对现有文献的总结和分析，说明新干预主义的主要理论基础——规模经济和不完全竞争并不牢固[4]。潘士远、金戈（2008）综述了研究发展战略、产业政策和产业结构变迁的文献，并在此基础上，构建了一个分析这三者关系的一般性框架。运用这一框架，对新中国成立以来的发展战略和产业政策的演变以及产业结构的变迁进行了历史性考察。分析表明，中国改革前后经济增长巨大差异的根源在于经济发展战略的转变[5]。徐铁（2009）认为尽管战后日本政府的产业政策在实施过程中出现了一些问题，但就推动战后日本产业结构优化升级、经济高速发展、实现赶超欧美的战略目标而言，战后日本政府的产业政策发挥了关键作用[6]。万学军、

---

[1] 杨继东, 罗路宝.产业政策、地区竞争与资源空间配置扭曲[J].中国工业经济, 2018（12）：5-22.

[2] 郭小聪, 吴高辉, 李刘兴.政策脱节中的政府行为机制：基于深度贫困县L产业扶贫过程的案例分析[J].西北农林科技大学学报（社会科学版）, 2019, 19（05）：33-39.

[3] 张泽一, 赵坚.产业政策有效性问题的分析[J].北京交通大学学报（社会科学版）, 2009（3）：27-31, 46.

[4] 张鹏飞, 徐朝阳.干预抑或不干预？围绕政府产业政策有效性的争论[J].经济社会体制比较, 2007（4）：27-35.

[5] 潘士远, 金戈.发展战略、产业政策与产业结构变迁：中国的经验[J].世界经济文汇, 2008（1）：64-76.

[6] 徐铁.战后日本产业政策变迁研究[J].湖北经济学院学报（人文社会科学版）, 2009（3）：50-51.

何维达（2010）基于政策制定与实施过程的视角，分析了对中国钢铁产业政策有效性的影响因素，认为中国钢铁产业政策具有较为充分的理论依据，但在政策制定中需要注意评估信息不足、游说干扰和对市场机制的挤出效应等影响，以提高政策制定的合理性。同时，在钢铁产业政策的实施环节，需要注意建立激励相容的政策实施机制，并通过精简政策控制指标、发挥产业中介作用、改进政策手段等途径，降低政策实施成本，以提高政策实施的有效性[①]。张梦（2010）利用制造业外商投资协议的企业层面数据，对外资产业政策的有效性进行了研究。结果发现，1987年的外资产业政策起到了副作用，主要是因为早期的大规模投资属于劳动力密集性质的港澳台投资；1995年的外资产业政策起到了正作用，主要是因为随着我国投资环境的改善，大规模的技术密集性质的外国投资开始进入我国[②]。邱兆林（2015）基于工业行业的面板数据对中国产业政策有效性进行了实证分析，研究发现，固定资产投资倾斜度与产业规模及产出增长率负向相关，研发投资倾斜度对全要素生产率有正向影响。认为，产业政策的制定应该遵循市场规律，由传统的选择性产业政策向市场导向型产业政策转变[③]。侯方宇、杨瑞龙（2019）针对产业政策有效性研究进行了评述，认为，未来应把研究重点从"产业政策的有效性"转移到"产业政策的有效性边界"，不仅要研究产业政策是否有效，更要研究产业政策在什么条件下有效；在研究方法上，应引入不完全契约理论，将产业政策视为政府与企业签订的不完全契约，讨论契约不完全对产业政策有效性的影响[④]。

[①] 万学军，何维达.中国钢铁产业政策有效的影响因素分析：基于政策制定与实施过程的视角[J].经济问题参考，2010（8）：18-24.

[②] 张梦.中国外资产业政策有效性研究：以制造业为例[J].产业市场，2010（10）：50-52.

[③] 邱兆林.中国产业政策有效性的实证分析：基于工业行业的面板数据[J].软科学，2015，29（02）：11-14.

[④] 侯方宇，杨瑞龙.产业政策有效性研究评述[J].经济学动态，2019（10）：101-116.

(3) 煤炭产业政策研究

我国在不同时期依据国家经济社会发展状况和煤炭产业的发展状况制定了相应的关于煤炭产业发展的文件和规定，这些文件和规定是我国煤炭产业发展的指导性政策，形成了我国煤炭产业政策体系。2006年我国正式颁布了第一部成形的煤炭产业政策，对我国煤炭产业发展方向与趋势进行了系统化指引。

陈德群（1993）研究了市场经济条件下的煤炭产业政策，认为从计划经济走向市场经济的转轨过程中，由于中央政府对煤炭行业在市场经济下的特殊性考虑不足，笼统地把煤炭行业与一般的竞争性行业同等对待，而对煤炭行业的产业组织、安全生产、环境保护等外部性造成的问题考虑不够，尤其是政府对煤炭行业的发展随着经济景气变化左右摇摆，缺乏中长期规划，这些也是煤炭行业转型难的根本原因[1]。李学圣（1996）主张综合应用产业政策和计划手段促进煤炭行业经济发展方式的转型[2]。周敏、王新宇（2000）从煤炭企业的竞争策略入手，以博弈论为研究方法，分析了煤炭企业竞争策略对煤炭产业政策的影响[3]。宋梅、王立杰、张嗣超（2007）通过引入虚拟决策单元，沿用DEA的分析方法对我国煤炭产业政策的相对有效性进行了评价计算，并对决策单元进行了有效排序。结果表明，政策的作用不能有效发挥、煤炭企业的经营效益差等问题的出现与资源问题、采煤机械化程度、技术创新能力、人力资源和小煤窑等因素有关。因此，我国煤炭企业要实现可持续健康发展，需要从以上几个方面加以完善[4]。吴吟（2008）从煤炭产业开发

---

[1] 陈德群.市场经济与煤炭产业政策[J].煤炭经济研究，1993（12）：3-5.

[2] 李学圣.正确运用计划手段和产业政策，多层次推进煤炭工业经济增长方式转变[J].煤炭经济研究，1996（12）：5-9.

[3] 周敏，王新宇.煤炭企业的竞争策略与产业政策的博弈分析[J].煤炭企业管理，2000（12）：18-19.

[4] 宋梅，王立杰，张嗣超.基于改进DEA的煤炭产业政策相对有效性分析[J].工业技术经济，2007（1）：79-81.

布局等七个方面对《煤炭产业政策》进行了解读①。付克娟（2010）认为改革开放以来，我国制定的很多产业政策实施效果不如人意，地方政府的"经济人"特性使其趋向于只注重执行有利于自身的政策，从而产生了其与中央政府之间的博弈。同时，以煤炭产业为例提出了解决政策绩效低这一问题的具体办法②。张会新、高超（2011）研究了低碳约束下的煤炭产业政策的选择，认为针对煤炭产业应主要采取加快节能减排、深化煤炭资源税费改革、延伸整合煤炭产业链以及加大煤炭资源税的免征力度等政策措施③。陈小毅（2013）结合我国煤炭产业集中度问题对煤炭产业政策进行了研究，发现，产业政策与地理集中程度存在负相关关系，而且其影响程度远远超过了普遍认为最关键的资源因素④。刘亚琼（2014）认为，当前我国煤炭产业的市场化程度还较低，产业政策依然对其发展起到重要的导向作用⑤。

煤炭产业政策既是指导产业发展的指导性政策，也是针对煤炭产业发展过程中所带来的外部性问题的规制性政策。因此，对煤炭产业政策的规制性研究是煤炭产业政策的主要方向之一。针对煤炭产业政策的规制特性方面的研究主要包括以下几方面。

徐向阳、许永迪（2011）通过"十一五"时期国家和黑龙江对煤炭产业规制政策的分析，提出了"十二五"时期低碳背景下黑龙江煤炭产业的横向规制思路和纵向规制思路⑥。彭彦强（2009）提出规制协同理论，认为政府在制定煤炭安全规制政策时，往往主要从政府自身利益出

---

① 吴吟.煤炭产业政策解读[J].中国煤炭工业，2008（1）：13-14.
② 付克娟.产业政策实施过程中中央与地方的博弈行为分析：以煤炭产业政策为例[J].现代商贸工业，2010（24）：93-94.
③ 张会新，高超.低碳约束下的煤炭产业政策选择[J].经济导刊，2011（02）：54-60.
④ 陈小毅.中国煤炭产业集中问题实证研究[D].南京：南京航空航天大学，2013.
⑤ 刘亚琼.当前我国煤炭产业政策及其影响分析[J].企业改革与管理，2014（23）：122-123.
⑥ 徐向阳，许永迪.黑龙江省煤炭产业规制研究[J].商业研究，2012（11）：83-88.

发,仅仅考虑了政府自身利益的最大化,而忽略了被规制企业的经济人特征。同时,政府与被规制的煤炭企业之间形成了博弈关系,规制政策的效果如何,则取决于彼此间博弈的结果。因此,从规制协同理论的角度出发,在制定安全规制政策时,应充分考虑将被规制企业的利益诉求纳入并予以考虑,并以此评估了规制博弈产生的结果及可能性[①]。张建斌(2010)阐述了内蒙古煤炭产业发展过程的环境规制思路及其对内蒙古煤炭产业发展所产生的影响作用[②]。柯文岚、沙景华、闫晶晶(2011)在SCP范式的基础上,根据环境规制对生产成本、企业进入、技术创新的传导作用及其对产业绩效的综合影响进行了实证分析,得出环境规制对山西煤炭采选业绩效的近期直接影响是负效应的结论,在此基础上,提出加快环境规制体系的创新和山西省煤炭产业调整的政策建议[③]。王志鹏(2011)比较了低碳经济条件下山西和内蒙古发展的转型[④]。李红娟(2015)通过对我国和印度的煤炭产业进行比较,发现,与印度相比,中国无论是煤炭安全事故数量、煤炭死亡人数还是百万吨死亡率,都远远高于印度。而造成这种差距的原因均和煤炭产业安全规制体制的设计有关[⑤]。

任何一项产业政策都涉及多方的参与并产生不同的政策影响,这种参与同时是博弈的一种体现。煤炭产业政策过程中的博弈行为既包括政策主体和政策对象之间的博弈,也包括不同层级政策主体之间的博弈。针对煤炭产业政策过程中的博弈行为,我国学者从不同角度进行了研

---

① 彭彦强.煤炭安全生产规制失灵与协同规制构建探析[J].山东科技大学学报(社会科学版),2008(3):61-66.

② 张建斌.环境规制对内蒙古煤炭产业发展的影响[J].工业技术经济,2010(9):15-18.

③ 柯文岚,沙景华,闫晶晶.环境规制对山西煤炭产业绩效影响的实证研究[J].中国矿业,2011(12):49-52.

④ 王志鹏.山西与内蒙煤炭产业发展比较:探讨低碳经济下资源型地区转型之路[J].内蒙古金融研究,2011(11):17-21.

⑤ 李红娟.煤炭产业规制体制比较与启示:以中国和印度为例[J].发展研究,2015(04):41-45.

究，主要体现在以下几个方面。

周敏、肖忠海（2006）就煤炭行业安全监督的效率问题，建立了一个包括安监部门、煤炭企业、煤炭企业员工在内的三方博弈模型，通过对模型进行求解发现，只有公平合理地分配安全收益并加大处罚力度，才可能降低煤矿安全事故发生的概率[①]。李成林、张雯（2007）基于古诺模型证明了单个企业会从自身利益最大化的角度出发，做出有利于自身的产量决策，然而，当整个煤炭行业中的企业都以类似的思维进行决策时，会造成整个行业的煤炭产量的不经济性。因此，即使从煤炭企业自身利益考虑，所有同行业的煤炭企业都应该联合起来，以实现行业产量经济性最大化的道路[②]。孙永波、白萍、张晓天（2008）通过对煤炭生产企业与安全生产监管部门之间的博弈进行分析发现，由于处罚力度不够，无论煤炭生产安全监管部门是否履行职责，不满足安全生产标准的企业仍会选择生产。因此，在政策上应从消除煤矿的超额利润、加大违法生产企业事故成本等方面加以选择[③]。孙涛（2009）运用不完全信息动态博弈分析模型阐述了煤炭企业、电力企业和政策当局三方之间的长期博弈，研究发现，这一博弈行为不断地影响着煤炭和电力行业体制改革的方向和进程。煤电价格联动和煤电一体化在一定程度上可以有效地缓解煤电紧张关系，然而，解决这一问题的最终手段应是在考虑行业性质和宏观经济安全为主要原则的基础上，对煤电行业进行最大程度的市场化改革[④]。卢晓庆、赵国浩（2009）在概述中国煤炭安全生产现状的基础上，结合博弈论理论方法建立了政府和企业之间针对煤炭安全生产责任的博弈模型。通过对山西焦煤集团屯兰煤矿的瓦斯爆炸事故进行分析，提出了煤炭安全生产需要建立政府与企业共同监管负责的

[①] 周敏，肖忠海.煤炭企业安全生产监管效能的博弈分析[J].中国矿业大学学报，2006（1）：54-56.

[②] 李成林，张雯.地区煤炭产量的博弈分析[J].能源与环境，2007（6）：13-14.

[③] 孙永波，白萍，张晓天.煤炭生产安全监管部门与违法生产煤矿的博弈研究[J].学术交流，2008（1）：97-99.

[④] 孙涛.体制摩擦中利益集团的博弈和新制度的生成：以煤炭和电力行业改革为例[J].山东社会科学，2009（4）：69-73.

工作机制的建议①。赵淑英、程光辉（2011）通过构建政府和煤炭企业之间在信息完全条件下的静态博弈模型，对煤炭企业实施低碳技术创新动力影响因素进行分析。研究结果说明了政府的政策取向对于这些因素起着至关重要的作用②。杨虹（2011）通过分析影响煤炭安全投入的主要因素，进行了煤炭企业与煤矿监管双方的博弈分析，研究发现，决定山西省煤矿安全投入的深层原因是：由于煤矿企业安全投入的多少主要取决于煤矿安全设备价格、国家安监机构对煤矿的监督力度和安监机构对煤矿的处罚力度。因此，煤矿在安全生产设备上投入低的主要原因包括煤炭安监部门对煤炭生产检查力度轻、煤炭安全生产设备价格高、针对煤炭生产事故造成的后果处罚轻。鉴于此，需要加大对煤炭安全生产的监督检查力度和对煤炭安全生产事故的处罚力度，并采取措施降低煤炭安全生产设备价格，以促进煤炭生产企业加大安全投入③。陈梦（2018）从市场调控情景和地方政府间接调控情景两个视角，构建并购主客体煤炭企业间的议价博弈模型和演化博弈模型，对煤炭企业并购行为进行了研究。认为，市场调控情景下，煤炭企业达成并购协议主要受双方贴现因子大小和谈判过程持续时间的影响。地方政府间接调控情景下，当地方政府对煤炭企业的协商成功率越低，且煤炭企业同意并购与拒绝并购获得的收益差值与地方政府协商成功时，煤炭企业所获得的额外净收益相比越大时，煤炭企业越倾向于同意实施并购的策略演化④。

1.2.3 研究述评

通过对与本研究相关的国内外研究进行回顾与梳理，可以发现现有研究主要存在以下特点与不足。

首先，就现有研究文献来看，涉及煤炭产业发展和产业政策研究的

---

①卢晓庆,赵国浩.煤炭安全生产中政府与企业的博弈分析[J].能源技术与管理,2009(5)：113-115.
②赵淑英,程光辉.煤炭企业低碳技术创新动力的博弈分析及政策取向[J].学习与探索,2011(3)：203-205.
③杨虹.山西省煤炭行业企业安全投入博弈分析[J].山西科技,2011(6)：12-13.
④陈梦.政府调控下的煤炭企业并购行为演化博弈研究[D].徐州：中国矿业大学,2018.

相关文献较多,其主要原因可能在于煤炭产业发展和产业政策研究已经历时多年,积累了丰富的文献资料。但关于煤炭产业政策研究的相关文献较少,原因在于我国第一部完整的、系统性的煤炭产业政策直至2006年才得以公布。这方面研究的欠缺为本研究的可能创新提供了很大的空间。

其次,现有研究大多以产业经济学为基础,而从行政管理学科或从政府与市场间关系出发的研究尚没有发现。如关于煤炭产业研究中,以哈佛SCP模式研究煤炭产业结构的文献很多,但依托于公共管理学科的政府过程理论为主要理论基础,研究煤炭产业政策的制定、执行、评估的文献仅1篇。研究理论基础的差异也为本研究的创新创造了条件。

第三,根据制度变迁理论,任何一项产业政策的演进都存在路径依赖。正如诺斯所说:"路径依赖意味着历史是重要的,不去追溯制度的渐进性演化过程,我们就无法理解今日的选择。"[①]但从现有相关文献来看,研究大多针对某一局部问题展开,或产业结构、或产业集中度、或某几方利益群体的博弈,缺乏全景性与系统性研究。山西煤炭产业政策是伴随着我国和山西省经济社会发展,以及山西煤炭产业自身的发展状况而调整的,是一个逐步演变的过程,受到环境因素、演进动力、利益群体博弈等多因素的影响。因此,只有进行全方位、系统化的研究,才能总结其演进规律、经验、教训并探寻政策演进的原因,也才能为未来山西煤炭产业政策演进的优化与调整提供良好的建议。

第四,从研究方法看,定性的、理论性研究偏多,案例式与定量性研究较为欠缺。这一现象与煤炭产业研究方面理论与实践的脱节密不可分,尤其是对煤炭产业政策的评估,需要采用相应的定量评价工具和模型,在这一方面有待加强。

---

① 道格拉斯·C.诺斯.制度、制度变迁与经济绩效[M].上海:上海人民出版社,2008.

1.3 研究思路、主要内容与研究方法

1.3.1 研究思路

为明确研究目标和内容，结合前人对产业政策的界定，本研究将煤炭产业政策的定义确定为：政府为实现经济社会发展目标和资源的合理、有效配置而制定的干预、规划和引导煤炭产业科学、健康、可持续发展和安全发展的政策以及政府为规范煤炭产业的发展和社会经济发展过程中的阶段性目标的实现，发布的各类政府文件、规章制度、规范、章程、通知等。这些形成了综合性系统化的煤炭产业政策体系。

在国家煤炭产业政策实践中，山西作为我国煤炭资源大省，是产业政策实施的主要试点省份，直接引领着我国煤炭产业政策的制定及演进方向。山西煤炭产业政策包含范围广，既包括国家相关的煤炭产业政策，也包括山西省政府部门为贯彻落实国家制定的煤炭产业政策而制定的一系列实施措施、细则、规划和引导山西省煤炭产业科学、健康、可持续发展和安全发展的经济性和规制性政策，在研究中，还包括山西省下属的各地方政府制定的关于地方煤炭产业发展的微观规制性政策、政府文件、规章制度、通知等。

本书从提出山西煤炭产业政策演进这一问题入手，整个研究按照政府过程理论中的政策目标的确立、政策制定、政策执行、政策评价、政策反馈进行展开，以问题提出、原因解析、效应评价、政策建议为主线进行。首先为导论，其次为本研究的理论基础，然后对山西煤炭产业政策的演进过程展开深入探究，其中包括：演进阶段的划分、演进主导影响因子分析、演进动力因素和路径分析、微观视域下的产业政策演进效果分析以及产业政策演进效应的综合评价。在上述研究基础上，结合高质量发展理念对山西煤炭产业发展的约束，对未来山西煤炭产业政策演进的优化和调整提出相应建议并得出研究结论和未来研究展望。研究思路与框架如图1-1所示。

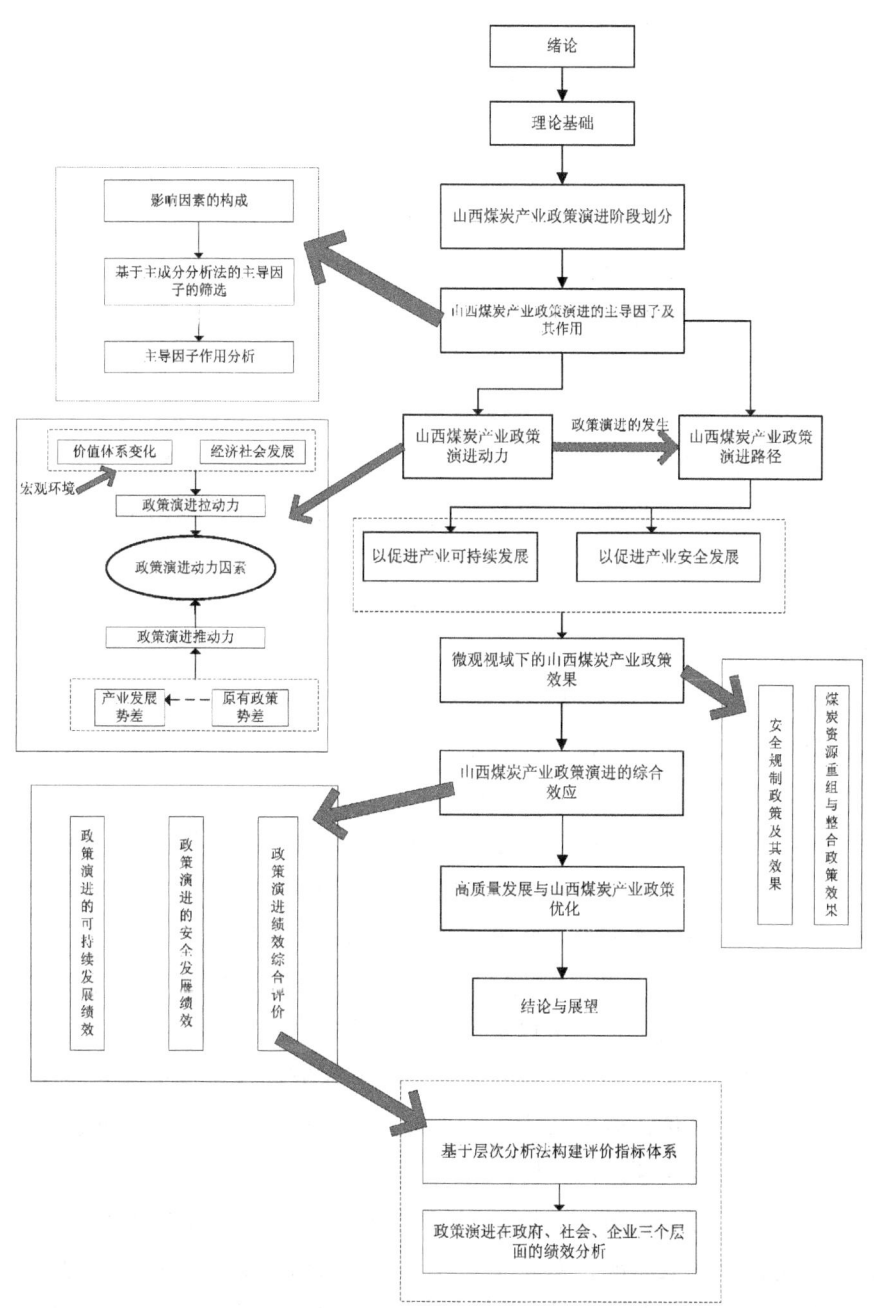

图1-1 研究框架

1.3.2 主要内容

本书共分为9个部分：其中，第1章为绪论；第2章为研究的理论基础；第3章至第7章为全文的核心部分，主要包括山西煤炭产业政策演进阶段划分、山西煤炭产业政策演进的主导因子及其作用、山西煤炭产业政策演进动力和路径、微观视域下的山西煤炭产业政策演进效果分析、山西煤炭产业政策演进的综合效应；依据前7章的研究成果，结合山西煤炭产业政策演进过程中的问题，以及高质量发展理念约束下的山西煤炭产业的未来路径，在第8章对未来山西煤炭产业政策的演进提出优化和调整建议；第9章为结论与未来展望。各章主要内容如下：

第1章为绪论。本章首先通过简单回顾山西煤炭产业和产业政策的发展历史，结合当前煤炭产业政策研究的现状和问题，提出本研究的选题及研究意义；其次，以本书的研究内容为基础，对国内外相关研究文献进行梳理和评述，同时，根据整个研究的需要提出研究方法、思路与框架以及可能产生的创新点。

第2章为相关理论基础。本章为整个研究的理论基础，主要目的是对研究中所涉及的理论进行简单阐述与评述，并说明理论与整个研究的关系以及研究中对相关理论的应用。

考虑到煤炭产业政策演进这一过程的复杂性和系统性特点，在研究中，理论基础部分主要选择政府过程理论、制度变迁理论、政府规制理论和政府行为外部性理论。政府过程理论始终贯穿研究的全过程，形成以政策问题的确立、政策制定、政策执行、政策反馈为主线的研究体系；制度变迁理论主要用于煤炭产业政策演进动力和路径的分析；政府规制理论主要用于对煤炭产业政策进行规制研究和从微观层面对煤炭产业政策效应的评价；政府行为外部性理论主要用于对产业政策演进过程中产生的政策性问题进行分析。

第3章为山西煤炭产业政策演进阶段划分。本章主要根据我国和山西省经济社会发展状况，对新中国成立以来山西省煤炭产业政策的演进阶段进行划分，对各阶段政策的目标、主要内容以及演进特点进行阐述和分析，同时，明确本研究的重点和研究的范围为产业政策的快速发展与转型发展阶段。

在综合阶段划分目的、原则及依据的基础上，结合我国和山西省经济社会发展状况，将山西省煤炭产业政策演进按照政策目标和重点的不同，划分为5个阶段，分别为：初步成形阶段（1949—1978年）、转轨发展阶段（1979—1992年）、市场化培育与发展阶段（1993—2002年）、快速发展与转型发展阶段（2003—2012年）以及高质量发展阶段（2013年至今）。

第4章为山西煤炭产业政策演进的主导因子及其作用。本章以山西煤炭产业政策体系的构成为研究基础，以宏观环境为对象，分析山西煤炭产业政策演进的主要影响因素。以此为基础，通过主成分分析法对影响因素进行因子分析，构建主成分模型和影响因素综合得分模型，对影响因素的重要性进行分析，实现了对主导因子的筛选。最后，进一步讨论了主导因子对山西煤炭产业政策演进的影响作用。

第5章为山西煤炭产业政策演进动力与路径。本章以美国学者布罗姆利的能动主义制度变迁理论为理论基础，以政策演变过程中的快速发展和转型发展为研究的主要阶段，研究了以原有政策势差下的产业发展势差形成的推动力和宏观环境影响下形成的拉动力为动力因素的山西煤炭产业政策演进的动力机制，对山西煤炭产业政策演进动力进行分析。

在动力的作用下，对山西煤炭产业政策的演进路径进行了研究。研究发现，山西煤炭产业政策以促进产业可持续发展和安全发展为其目标，实现了以促进产业规模化、注重资源综合利用和生态环境保护、构建政府部门对煤矿企业的规范化安全监督管理机制、加强对企业安全生产设备设施建设与投入管理、强化长效培训机制的建设、强化煤矿企业自身安全管理能力提升为政策目标的6个路径方向上的不断演进。与此同时，在新时代背景下，受国家层面的发展理念和政策的约束，受煤炭行业外部市场的影响，基于高质量发展理念，山西煤炭产业政策在山西省综改发展的过程中，实现了以高质量发展为目标的新的变迁。

第6章为微观视域下的山西煤炭产业政策演进效果。安全生产作为山西煤炭产业发展过程中的主要目标之一，针对安全生产管理出台的安全生产类规制性政策也成为山西煤炭产业政策的主要构成和演进的主要路径。煤炭资源重组和整合作为山西煤炭产业发展过程中的重大事件，也是山西煤炭产业从粗放式发展向集约化发展的关键所在。基于此，本章以快速发展和转型发展阶段的安全规制政策以及煤炭资源重组和整合过程中的主要政策变迁过程和内容为抓手，以定量分析、比较分析和内容分析法为主要研究方法，对其政策演进过程中的成效和不足进行了探究。

第7章为山西煤炭产业政策演进的综合效应评价。本章主要根据第4章和第5章的结论，首先对政策演进在可持续发展和安全发展方面的绩效进行了研究，对政策演进为山西煤炭产业发展带来的促进作用进行了分析。其次，由于政策资源的有限性和政策过程中博弈的存在，研究通过构建山西煤炭产业政策演进绩效综合评价指标体系，对政策演进在政府、社会和企业3个层面的综合绩效进行了评价，研究政策过程中的积极作用与不足。研究发现，山西煤炭产业政策演进综合绩效评价为良好，基本实现了政策目标，但在政策过程中仍然存在政策目标错位、政策目标短期性、政策目标功利性、政策手段扭曲、政策变异等问题。问题的存在，也为未来政策演进的优化提供了空间。

第8章为高质量发展与山西煤炭产业政策优化。本章结合高质量发展理念对煤炭产业发展的要求，从产业发展过程中的问题和未来路径出发，依据前7章内容的研究成果和结论，对未来山西煤炭产业政策的演进提出了优化和调整建议。

第9章为结论与展望。首先，对文章的理论研究和实证研究进行总结，并提炼出本书的主要观点；其次，结合山西煤炭产业面临的实际问题以及山西煤炭产业政策现有问题，对山西煤炭产业政策的未来研究方向和方法进行展望。

1.3.3 研究方法

由于煤炭产业政策涉及面广、综合性强，需要运用多方面的理论展开研究。因此，研究中应用了政府过程理论、制度变迁理论、政府规制理论以及政府行为外部性理论系统地开展了山西煤炭产业政策演进环境及其动力、演进过程中的政策问题以及演进效应的研究。

根据研究特点及内容的需要,在研究过程中着重采用了以下3种方法。

(1) 政策分析方法

研究紧扣山西煤炭产业政策演进这一主线,遵循政策问题的确立、政策的制定、政策的实施、政策的评价、政策的反馈这一主导过程,对山西煤炭产业政策演进的背景、影响因素、动力、路径及内容和绩效进行了全面深入的分析,并对政策的未来演进的优化提出了建议。

(2) 理论分析与实证分析结合

理论分析是本研究的基础内容。针对研究需要,在本书第2章提出了政策过程理论、制度变迁理论、政府规制理论以及政府行为外部性理论,为研究的开展奠定了理论基础。在理论分析的基础上,本书根据山西煤炭产业政策演进研究的现实需要,分别在第4、5、6、7四章进行了实证和比较分析。其中,第4章主要采用主成分分析法研究了山西煤炭产业政策演进过程中的主导影响因子及其对政策演进的影响作用;第5章主要通过制度变迁理论分析了山西煤炭产业政策演进的影响动力和路径;第6章主要通过定量分析、比较分析和内容分析法,对安全生产规制政策和煤炭资源重组与整合政策的效果进行了分析;第7章在对以促进产业可持续发展和安全发展为目标的政策演进绩效分别进行了比较分析的基础上,以安全生产政策为例,对山西煤炭产业政策的政策过程中存在的问题进行了思考。同时,考虑到政策资源的有限性和政策过程中的主体间博弈行为,利用层次分析法从政府、社会、企业3个层面建立了山西煤炭产业政策演进绩效综合评价指标体系,对快速发展与转型发展阶段的山西煤炭产业政策的演进绩效进行了综合评价。

(3) 定性和定量分析相结合

煤炭产业不仅是山西省支柱产业,同时也是我国国民经济发展的主要产业。由于煤炭产业的重要性和产业的负外部性的大量存在,煤炭产业政策在制定与实施过程中必然涉及众多因素以及纷繁复杂的关系。因此,要深入研究山西煤炭产业政策的演进规律,一方面需要对它进行定性研究，从理论上研究影响山西煤炭产业政策演进的外部因素、内在动力和演进绩效，为未来山西煤炭产业政策的制定和执行提供借鉴；另一方面，在深入分析山西煤炭产业政策演进过程中的影响因素、政策效果和演进效应等问题时，需要利用定量工具，构建实证模型进行定量分析。只有通过定性与定量分析的相互结合，才能深入揭示山西煤炭产业政策演进的问题、规律和机理。

1.4　创新点

煤炭产业政策研究并不是一个新颖的课题，但对山西煤炭产业政策演进进行全过程、系统性的研究还比较匮乏。本书通过对山西煤炭产业政策演进的全过程进行系统性研究，主要在以下4个方面产生了创新。

（1）实现对山西煤炭产业政策演进阶段的划分，构建了山西煤炭产业政策演进分析框架。

（2）采用主成分分析法构建山西煤炭产业政策演进主导影响因子分析模型，对影响因子的重要性进行定量分析，实现对主导因子的筛选，为山西煤炭产业政策演进动力和路径分析提供了依据。

（3）以布罗姆利制度变迁理论为基础，构建山西煤炭产业政策演进动力分析框架，实现了对山西煤炭产业政策演进动力机制的分析。

（4）应用层次分析法构建包含政府、社会、企业3个层面11个二级指标的山西煤炭产业政策演进绩效综合评价指标体系，在综合考虑政策资源有限性和政策过程中的博弈行为的基础上，实现了对山西煤炭产业政策演进绩效的综合评价。

第2章 相关理论基础

本章承接第一章前言部分,针对提出的问题提出整个研究的理论基础,为后面的研究提供理论依据。本章主要目的是对研究中涉及的理论进行阐述与评述,并明确其与研究的关系。以本章为基础,建立整个研究的理论框架体系。考虑到煤炭产业政策演进这一过程中的复杂性和系统性特点以及研究的需要,理论基础部分选择了政府过程理论、制度变迁理论、政府规制理论以及政府行为外部性理论。

2.1 政府过程理论

"政府过程"(Governmental Process)作为现代政府学的一个重要概念,是现代政治学中的功能和行为研究方法发展而来的产物,是对政治或政府行为、运转、程序及其利益团体间的关系进行实证性研究和阐述。"政府过程"学说的成熟经历了萌芽、形成、发展和普及阶段,并于20世纪中期基本稳定。从其应用范畴和发展脉络来看,"政府过程"中的"政府"不同于一般意义的政府概念,而是一个广义的政府概念,是指包括立法、行政、司法在内的国家机构,是"现实的政府",所要揭示的是政府运行中所产生的"偏离"现象及其规律性。国外"政府过程"理论主要研究利益集团对政府决策的影响,我国的政府过程则主要研究政府的实际运行流程,包括政策的制定、实施、反馈与评价[①]。

---

① 朱光磊.现代政府理论[M].北京:高等教育出版社,2002.

因此，基于综合的视角和我国学者对政府过程理论的阐述来看，政府过程理论的基本内容主要包括以下3个方面：

首先，政府过程理论研究的对象是"大政府"，即不仅包括所有的政府机构自身，也包括相关的政府官员与利益群体。这一研究对象的界定，成功地把政府过程理论与行政学区分开来，丰富了其研究范围。

其次，政府过程中的政府是现实中的政府，而非理想的政府。政府过程理论是基于实践意义上的科学，其研究的对象并非纯理论意义上的政府，理想意义上的政府是为了维护社会的公平正义，促进社会公共产品的提供与服务的不断提升而存在的，但由于政府本身也是重要的利益集团之一，因此，所谓现实意义上的政府不可避免要存在偏差，存在其自身的利益追求。

第三，政府过程理论中的过程指的是政府实际运行的活动。一般来说，政府过程中的活动包括：政府间的部门、政府与社会、政府与非执政党的相互作用过程；政府机构的日常工作与程序；政府的重大变革，如机构、人员、程序变革等内容[1]。

在本书中，政府过程理论采用我国学者的定义，包含了政策问题的确立、政策的制定、政策的实施、政策的评价与反馈过程。以该理论为整个研究的基础，贯穿整个研究，形成了研究的主框架和逻辑体系，构建了本书的研究主线。

2.2 制度变迁理论

从制度变迁理论的发展脉络看，其发展大致经历了三个历史时期：第一个历史时期是以凡勃伦为代表的开创性历史时期。在这个时期，创立了制度的概念并运用"累积因果论"来解释制度变迁。第二个历史时期是以约·莫·克拉克为代表的对制度变迁理论进行继承和发展的时期。内容主要涉及对资本主义企业的分析，对制度与技术相互作用等问题的

---

[1] 朱光磊.现代政府理论[M].北京：高等教育出版社，2002.

讨论。第三个历史时期是以加尔布雷斯为代表的新制度经济学和以科斯、诺斯等人为代表的新制度学派蓬勃发展的时期，在这一时期，有关制度变迁的研究成果卓著。

美国著名经济学家诺斯作为现代制度变迁理论的代表，在对1600—1850年全球海洋运输技术进步的研究中发现，虽然这一时期全球海洋运输的技术水平没有出现显著上升，但效率却出现较大幅度的提高。在按照传统经济学理论难以解释的情况下，诺斯引入了新的可解释的变量——制度，并认为制度是经济增长中的关键因素，产权是制度因素中的重中之重。也正因为有了良好的产权界定与保护制度，推动了西方创新的不断涌现，促进了西方的不断发展。

制度变迁作为一个动态的过程，诺斯认为，决定制度变迁路径的动力主要来源于两个方面：一是信息不完全，二是收益的递增性。信息不完全意味着市场还有着许多有待挖掘的机会，资源的配置效果还没有达到最优，还有待改进，而收益的递增性则使得制度变迁能够得到广泛的支持，具有可行性。而从制度变迁的主导因素来看，制度性变迁主要体现为两种方式：一是强制性制度变迁，二是诱致性制度变迁。强制性制度变迁体现的是自上而下的，通过由政府制定一系列政策、规章、制度去推动原有制度的解体而形成新的制度。而诱致性制度变迁则是由下而上形成的。基于成本收益的分析，如果诱致性制度变迁实施后获得的收益大于其成本，那么诱致性制度变迁则可以进行。

与此同时，关于制度变迁理论的解释，诺斯认为，制度的建立与变更是一种随着时间变化而不断被打破进而重新建立的过程，是一个伴随着阻力与动力此消彼长的过程。在制度变迁的初始阶段，由于原有制度路径的存在，制度变迁呈现出阻力远大于动力的情形。此时的变迁之所以能够发生，是基于人们对变迁过程中的收益大于成本的预期。当越来越多的人认同制度变迁使得收益大于成本时，制度变迁将获得越来越多的支持，形成正反馈效应，此时呈现出的是由阻力转化为动力的过程。伴随着新制度的实施，由此展现的收益被越来越多的人认可，制度变迁的阻力下降，并导致制度变迁的动力远远大于阻力，新制度的主导地位完全确立。

从制度的供给与需求视角看，制度变迁最初是与制度的需求联系在一起的。即在现有的制度情形下，无法产生更多的利益，如果改变现有的制度安排，那么就会获得比原有制度之下更多的利益。而关于引发新制度需求产生的原因，在早期可以归结为日益稀缺的资源禀赋而产生的压力导致；在晚期则较多地归结为在社会经济发展过程中因为资源变化、人口数量结构改变和技术条件变迁而引发的要素价格变化、人力资本提升乃至市场规模程度等。当原有的旧制度安排导致要素生产率长期低于生产可能性边界、人们的实际收益长期低于潜在收益时，就会对新制度的需求产生持久的压力，体现出了制度变迁的需求理论。

不容忽视的是，制度变迁的需求理论以经济人假设为前提，是在交易费用以及科斯定律的基础上产生的。因此，其存在明显的局限性，也就是忽略了现实中"搭便车"等事件对集体行为的毁灭性灾难，以及缺少对制度变迁的供给方面的进一步分析。从现实来看，人类经济活动不仅是在交易场所中进行，也会体现在国家社会中。为此，诺斯将国家理论正式引入了制度变迁的分析，从根本上对制度变迁理论进行了诠释和完善。

总体来看，制度变迁的需求理论和供给理论从不同研究视角分析了制度变迁中的市场主体的行为和作用。制度变迁的需求理论强调的是市场的力量，由于市场需求而引发新制度的创新，也就是一种诱致性的制度变迁方式。制度变迁的供给理论更看重的是国家在新制度产生中的作用。国家在制度变迁供给和变迁方向中起着非常关键的导向作用和角色，可以通过权力工具避免诱致性制度变迁带来的"搭便车"行为而引起的制度供给不足，属于强制性制度变迁。因此，制度变迁就是在市场力量与国家力量的相互作用中而被不断推进的。

此外，制度变迁理论中的主要流派还包括哈耶克演进主义制度变迁理论。与诺斯的假定不同，哈耶克认为制度变迁应该是一种自然演进的过程，而并不是诺斯假定的人为设定过程。同时，奥尔森的利益集团理论也从利益博弈的视角对制度变迁进行了阐释。其认为利益集团是有明确目标的主体，因此，制度是由不同利益集团博弈的产物，而不仅仅是制度变迁的产物[1]。在这些制度变迁理论研究的基础上，美国经济学家

---

[1] 奥尔森.集体行动的逻辑[M].陈郁，郭宇峰，李崇新译.上海：格致出版社，2011.

布罗姆利对制度变迁进行了扩展性研究。

布罗姆利从制度和效率关系的角度对制度变迁带来的效率的变化进行了新的拓展，认为正是制度界定了效率和公平的概念，因此，单纯的效率提高和制度变迁之间是一种循环论证的关系。布罗姆利对经济制度的产生原因及特性进行了分析，将制度变迁看作是一种"配给交易"，认为经济制度代表了伦理和法律在普遍存在的经济行为中的应用，现存的经济制度代表着一些人的道德判断，在我们之前，他们处于决定采用哪一种制度安排的位置上。现行的制度作为一面镜子，映射了先前的稀缺性、目标、价值、经济议程以及先前的政治过程[1]。以此为基础，布罗姆利强调通过目的因的概念理解制度变迁过程，认为正是未来希望得到的结果构成了行动的理由，现行制度是日益出现的问题的可能原因，因此，新的制度会成为解决这些日益出现的问题的可能原因，也就产生了制度的调整[2]。通过溯因法的运用，布罗姆利构建了基于能动主义的制度变迁理论体系，认为制度变迁更主要的是反映了人们对未来的一种信念的追求，这种追求产生了制度变迁的愿望，在这一愿望驱使下，产生了新的可行的创造性想象，此时，处于优势地位的几种创造性想象的出现，带来了调整日常规则的过程，也就是制度变迁的过程，制度变迁同时引起了对经济机会的重新分配或对经济优势的重新配置[3]。

在本书中，主要采用布罗姆利基于能动主义的制度变迁理论，形成研究中的政策演进动力分析的研究框架。通过对我国和山西省经济社会环境、价值理念、技术条件的变化以及原有政策问题进行分析，研究宏观环境带来的政策演进的拉动力和原有政策势差造成的产业发展势差形成的政策演进的推动力，实现对山西煤炭产业政策演进过程中的动力机制和演进路径的分析与研究，以探寻山西煤炭产业政策演进的真实理由。在此基础上，根据布罗姆利关于制度变迁的目的因分析方法，在进行山西煤炭产业政策演进绩效综合评价时，对政策演进过程中产生的政

---

[1] 丹尼尔·W.布罗姆利.充分理由[M].上海：上海人民出版社,2008.
[2] 丹尼尔·W.布罗姆利.充分理由[M].上海：上海人民出版社,2008.
[3] 丹尼尔·W.布罗姆利.经济利益与制度[M].上海：上海人民出版社,2006.

策手段与政策目标的偏差问题进行分析,以实现对山西煤炭产业政策演进绩效的全面评价。

2.3 政府规制理论

政府规制的产生来源于市场经济的不断演进。丹尼尔·史普博认为规制是指由行政机构制定并执行的直接干预市场配置机制或间接改变企业和消费者的供需关系决策的一般规则或特殊行为[①]。政府规制主要分为经济性规制和社会性规制。经济性规制主要用于可能造成垄断或者信息不对称的领域,规制的目的主要是对被规制行业的价格、市场准入、退出等方面进行管制,以扩大社会福利,防止因垄断或者信息不对称造成的资源配置效率的降低。社会性规制的目的则是防范由负外部性和负内部性造成的环境污染、生产安全等问题,通过实施社会性规制达到保护公民的生命安全,减少污染,维护社会公平的目的。

相对于经济性规制而言,社会性规制研究是一个较新的领域,在社会、经济、政治等多方面因素共同作用下,于20世纪70年代开始得到发展。其主要是随着经济社会发展水平的不断提高,人们对生活质量、社会福利等问题的需求和关注度日益加强,引起了政府对社会性规制的日益重视。因此,政府对社会性规制的重视既是社会文明进步的表现也是社会和谐稳定的需要[②]。

政府规制的主体是国家政府,规制者的行为主要包括规制立法和实施两个部分,按政府行政职能的不同,这两种行为分别由权力机构、司法机构与执行机构负责实施。虽然上述部门分工不同,权力相互制约,有利于提高规制效率,但是,不同部门可能代表不同利益集团的利益,因此,会出现彼此相互制约的局面,给微观经济主体提供了"寻租"与

---

① 丹尼尔·F.史普博.管制与市场[M].上海:上海人民出版社,1999.
② 李郁芳,李项峰,蔡彤.政府行为外部性的经济学分析[M].北京:经济科学出版社,2009.

游说的空间。

政府规制的客体是各种社会经济主体，也被称为被规制者。政府规制的主要依据和手段是各种制度，这些制度不仅明确规定了对被制者活动的限制以及如何限制，还对被规制者违反制度后应受到的处罚进行了明确。

从现实中的政府规制研究来看，政府规制的核心要素是作为政府规制依据和手段的各项制度，这些制度可能是法律，也可能是比法律效力较低的各项规定、标准等。但无论是法律还是规定，由于都是政府制定的，因此，都具有较强的强制力和约束力。同时，从制度经济学的角度看，这些政府规制制度实质上都属于公共品范畴，是政府提供的一种特殊公共品，具有非排他性和非竞争性，对所有的被规制对象都适用。因此，对政府规制制度的研究是政府规制研究的主要任务。

煤炭产业是一个外部性和内部性很强的产业，煤炭的生产、运输、利用都会对环境造成很大的破坏与污染，同时，由于信息不对称又造成煤炭生产过程中的负内部性的存在，因此，对煤炭产业的规制属于社会性管制范畴。

本研究中，主要是依据政府规制理论，对由于煤炭产业外部性和内部性造成的问题与山西煤炭产业政策演进影响因素之间的关系进行分析，研究煤炭产业外部性和内部性对经济社会发展带来的影响以及影响因子对政策演进的作用，为进行山西煤炭产业政策，尤其是安全生产类规制性政策的演进动力及路径研究、政策演进的效应分析提供依据。

2.4 政府行为外部性

政府行为外部性理论是在公共选择学派将"理性经济人"范式引入政治过程的分析后，在"政治经济人"理念下发展而来的，是对市场外部性的一种拓展，同时也是对政府规制理论的进一步延伸。

自英国经济学家西奇威克在其《政治经济学原理》一书中提出外部性问题以来，外部性理论得到了较大发展，经济学界对外部性的分析从市场领域延伸至政治过程领域，对外部性内涵与外延扩展的并进，使得政府行为外部性理论日趋完善。

随着20世纪60年代公共选择学派的兴起，政府作为经济分析过程中的一个内生变量开始进入研究视角，至此，对外部性的研究开始了从市场领域向政治领域的延伸。布坎南（1999）指出，如果缺乏道德秩序的因素，"政治活动中的所有选择必定具有外部性，在一定意义上，做出的选择将影响所有的其他人"[1]。这种影响的结果很大程度上取决于决策规则的选择。同时，由于非一致同意规则通常存在于现实的社会生活中，那么由此所产生的外部性成本也将存在。萨缪尔斯基于对强制的描述，指出了任何外部性的存在及其模式都是相互强制的结构的函数。同时，通过强调政府在权利选择过程中的作用，界定了政府行为外部性的含义。提出了由于社会世界的相互作用关系的存在，产生了权利的运用对权利相关人的影响的关系，而政府对个人增进其特殊利益或承担成本方面具有决定性作用。艾伦·斯密德基于外部性分类，认为外部性主要包括三类：技术的外部性、货币的外部性和政治的外部性。而政治的外部性则源于政府的作用，在政府改变游戏规则或进行管理型交易时产生。政府规制、所有权的分配以及政府在某一领域的缺位，都可以表现为政治的外部性。

查尔斯·沃尔夫（1988）在构建其非市场失灵理论时提出了"派生的外部性（Derived Externalities）"概念[2]。认为，政府为纠正市场失灵而进行的干预行为可能会产生无法预料的副作用，而这种副作用并不在产生这种效应的机构自身体现，也不会对这些机构的行为产生任何影响，属于典型的"派生的外部性"范畴。政府部门在干预过程中，一方面产生了私人机构所不能产生的外部性，另一方面也阻止了私人部门将产生的外部性。

政府本身作为一个复杂的概念，对其含义的不同界定导致人们对政

---

[1] 布坎南，马斯格雷夫.公共财政与公共选择：两种截然不同的国家观[M].北京：中国财政经济出版社，2000.

[2] 沃尔夫.市场或政府[M].北京：中国发展出版社，1994.

府行为外部性的不同解释。可以说，对于政府概念本身的理解直接影响到政府行为外部性的定义，而对于政府行为外部性的定义决定了其内涵。鉴于本研究是以山西煤炭产业政策的演进为研究对象，在此，采用李郁芳等我国学者对政府行为外部性的概念的解释，即政府行为外部性源于政府政策的制定和实施过程，是政府通过确定或改变交易规则、产权控制等方式所产生的成本或收益的转移现象[①]。因此，可以说政府行为外部性实质上是由于政府在政策制定和执行过程中，通过对市场干预，产生的外部性结果。同时，政府行为外部性与政府失灵之间存在密切关系。政府行为外部性是建立在政府失灵概念基础上的，是政府失灵的一种表现形式。

从政府外部性的结果来看，政府外部性包括正外部性和负外部性、代内外部性和代际外部性、配置的外部性和再分配的外部性。同时，由于地方政府在制定政策和执行政策的过程中，一般会偏向于其职责范围内的利益而忽视其职责范围之外的损害，地方政府在政治环境约束下，更容易制定易产生政治利益的政策，因此，政府行为的负外部性更容易造成对政治体制和社会稳定的破坏。

本研究中，在进行山西煤炭产业政策演进绩效综合评价分析时，将运用政府行为外部性理论对演进过程中产生的政策问题进行分析。因此，在研究中主要考虑其负外部性。

2.5 本章小结

本章明确了研究中所需要的理论并对其进行梳理，阐明了理论与研究的关系和应用范围。结合研究需要和理论内容，研究中主要运用政府过程理论、制度变迁理论、政府规制理论以及政府行为外部性理论。

其中，政府过程理论作为整个研究的主线，包含了政策问题的确

---

① 李郁芳，李项峰，蔡彤.政府行为外部性的经济学分析[M].北京：经济科学出版社，2009.

立、政策的制定、政策的实施、政策的反馈及评价全过程,并以此形成了研究的主框架;制度变迁理论主要用于对山西煤炭产业政策演进动力和路径的分析;政府规制理论为对煤炭产业外部性和内部性分析以及煤炭产业规制政策制定的必要性、政策效果评价和政策演进的优化建议提供了分析思路和框架;政府行为外部性理论主要用于对由于山西煤炭产业政策演进过程中产生的政策问题而造成的负外部性问题进行分析,保证了对山西煤炭产业政策演进分析的全面性。

第3章 山西煤炭产业政策演进阶段划分

依据产业政策理论，任何一项产业政策的制定与实施都与当时的外部环境因素有着不可分割的关系，这些因素不仅包括经济、社会环境，同时还包括社会价值体系的构成。结合我国和山西省社会经济发展状况进行山西煤炭产业政策演进阶段划分和分析，有利于明确政策演进的总体脉络及主要的阶段性政策目标，对理解产业政策演进和进一步研究产业政策演进是必不可少的。同时，演进阶段的合理划分，可以对山西煤炭产业政策演进的重点阶段进行明确，为本书的主要研究阶段范围的确定提供依据。

3.1 山西煤炭资源概况

山西是我国著名的资源性地区，新中国成立初期全国156个重点工程中，投资山西就有18项。作为全国老工业基地，山西工业企业设施先进，行业齐全。在改革开放之初，山西工业在全国位置较为靠前，并一直按照20世纪80年代确定的全国能源重化工基地进行建设与发展。特殊的资源禀赋形成了独特的产业结构，由于煤炭资源丰富，山西形成了煤炭、焦炭、电力等主导产业，以及因铁矿、铝土矿储量多而发展起来的钢铁和有色金属业即冶金行业。由此形成以煤炭、冶金、焦炭、电力为主导的支柱产业，为山西经济快速发展立下汗马功劳。但是随着时间的推移，也成为制约山西科学发展和可持续发展的瓶颈。从政策和产业布局的角度看，山西经济的衰与荣都与煤炭产业及其政策密切相关。

山西省国土面积为15.7万平方千米，其中含煤地层面积6.1万平方千米，占比近40%。主要分布在大同、宁武、河东、西山、沁水、霍西六大煤田和浑源、繁峙、五台、垣曲、芮城、平陆等地，煤炭资源遍布全省119个县级行政区，煤炭资源分布极广。已查明及预测的2000米以上的煤炭资源总量达到6552.02亿吨，占全国总量的11.9%，资源总量规模仅次于新疆和内蒙古。全省查明保有煤炭资源储量2654.84亿吨，占全国的26%，居全国之首。山西成煤时期主要集中在古生代，目前开发的煤炭平均埋深在300—500米，地质构造大部分地区较为简单，开采条件较好。煤质优良，大部分为低硫、低灰、高发热量。煤种齐全，主要包括气煤、肥煤、焦煤、瘦煤、无烟煤、贫煤、弱黏煤、长焰煤、褐煤9大类。

3.2 山西煤炭产业政策的演进阶段

3.2.1 演进阶段划分目的

（1）确定重点研究阶段

从1949年至今，受我国宏观经济社会环境变化的影响，山西煤炭产业政策经历了不同的发展阶段。其中包括：计划经济体制下的对产业的全面控制、市场经济体制前期的放任发展、市场经济体制后期的政策调控与市场机制的结合，每个阶段的政策目标和内容因经济社会发展状况不同而不同。如果将70年以来的山西煤炭产业政策的演进过程笼统地进行研究，难以发掘煤炭产业政策演进的特点、主要的推动因素以及绩效。同时，受研究意义的制约与研究篇幅的限制，也不可能对所有阶段进行深入研究，只有通过对山西煤炭产业政策演进阶段的划分，才能确定本书的重点研究阶段和范围。

（2）回顾整个演进过程以总结演进规律与特点

从抓大放小的角度，研究既要突出研究重点，又要把握好全局，掌握好山西煤炭产业政策在过去70年来的演进的脉络。因此,从演进全过程这一角度来看,对山西煤炭产业政策演进阶段进行划分,可以全面总结各个阶段产业政策演进的规律与特点,达到总结过去、展望未来、吸取教训、借鉴经验的目的。

3.2.2 演进阶段划分原则

为保证科学、合理地对山西煤炭产业政策演进阶段进行划分,在进行阶段划分时主要遵循以下两个原则。

(1) 科学性

科学性的主要体现是在进行阶段划分时必须有足够的划分依据,做到不同阶段特点分明,能体现山西煤炭产业政策演进的历史因果关系以及与经济社会发展环境之间的关系。

(2) 转折性

每一阶段的首年与尾年均应具有转折性的特点,达到承上启下的效果。首年与尾年的重大转折性事件对所属阶段政策的发展具有深远的影响作用和意义,并伴随整个阶段发展过程而持续存在。

3.2.3 演进阶段划分依据

按照演进阶段划分的目的和原则,对山西煤炭产业政策演进阶段划分时依照以下依据进行。

(1) 重大历史事件的发生

影响山西煤炭产业政策演进过程中的重大历史事件包括"十一届三中全会""十四届三中全会""十六届三中全会""十八届三中全会"等这些重大历史事件给山西煤炭产业政策的演进带来了转折性的影响。"十一届三中全会"(1978年)是"文革"结束后召开的一次具有历史性转折意义的会议,确定了以经济建设为中心的国策方针,对山西煤炭产业政策的直接影响是开始以全面恢复煤炭企业生产为政策的主要目标；"十四届三中全会"（1993年）的召开，确立了我国建立社会主义市场经济体制的经济体制改革目标，对山西煤炭产业政策以推动煤炭产业市场化改革为主要政策目标起到了决定性作用；"十六届三中全会"（2003年）的召开，为深化和完善我国社会主义市场经济体制改革指明了方向，在科学发展观的指导下，山西煤炭产业政策实现了以规范化、系统化为方向的演进。"十八届三中全会"（2013年）树立了深化经济体制改革，加快完善现代市场体系，加快建立生态文明制度，健全国土空间开发、资源节约利用、生态环境保护的体制机制等指导思想。这些指导思想的明确，为山西煤炭产业实现内涵式、高质量发展提出要求，也为山西煤炭产业政策进一步以资源高效利用、绿色发展为方向的演进提供了动力。这些历史事件不仅对山西煤炭产业政策的演进过程产生了重要影响，也成为山西煤炭产业政策演进阶段划分的重要依据。

(2) 经济运行体制的变革

我国的经济运行体制总体遵循从计划体制到社会主义市场经济体制再到市场经济与宏观管理并重的变革历程。从新中国成立后到1992年，我国经济体制总体以计划经济体制为主，山西煤炭产业政策也以实现对产业的全面管控为宗旨，并持续到"十四届三中全会"（1993年）我国正式确立社会主义市场经济体制改革目标；1993—2002年期间，受我国社会主义市场经济体制改革的影响，山西煤炭产业政策上的导向由过紧转向了过松，煤炭产业政策片面强调"放开搞活"，导致山西煤炭行业全行业管理混乱、安全事故频发、环境破坏严重、资源浪费严重、行业效益普遍偏差；2003—2012年期间，随着我国完善社会主义市场经济体制改革的开始以及科学发展观理念的提出，对我国社会主义市场经济体制建设和经济社会发展方式提出了新的要求。全国性的煤炭安全生产管理机制开始得到规范化建设，煤炭产业开始走上可持续发展道路。山西煤炭产业在安全生产、环境保护、资源综合利用等方面开始加强规制性政策的实施，煤炭销售逐渐实现市场化调节，逐步形成了宏观管理与市场调节相结合的煤炭产业政策体系；自2013年始，在煤炭市场产能过剩和我国供给侧结构性改革理念的影响下，面对能源供需格局新变化、国际能源发展新趋势，国家层面提出了"能源革命"的战略思想，为推动山西煤炭产业实现内涵式发展和高质量发展提出新的要求。坚决遏制煤炭产量无序增长，切实减轻煤炭企业税费负担，以创新驱动和低碳发展为内涵，驱动山西由"煤老大"向"煤科老大"的快速转型，成为该时期山西煤炭产业政策的主旋律。

3.2.4 划分结果

为保证整个研究的重点性和全面性，在综合政策阶段划分目的、原则及依据的基础上，结合我国和山西省经济社会发展状况，将山西煤炭产业政策演进按照政策目标的不同，划分为5个阶段，分别为：初步成形阶段（1949—1978年）、转轨发展阶段（1979—1992年）、市场化培育与发展阶段（1993—2002年）、快速发展与转型发展阶段（2003—2012年）、高质量发展阶段（2013年至今）。

(1) 初步成形阶段

①政策目标

在国家大的经济和社会环境影响下，这一时期山西煤炭产业政策主要目标是以基本建设为第一位，全面恢复煤炭企业生产，保障国民经济建设对煤炭资源的需求。

②主要政策内容

围绕政策目标，该时期山西煤炭产业政策的主要政策内容包括：采取"自力更生，以矿养矿，边建边产"以及以"安全第一"为原则的方针政策，对中央直属煤矿进行技术改造和矿井生产秩序的恢复。在政策上支持对地方煤矿实施恢复并发展生产。通过机械化采煤设备的投入，改进传统的采煤工艺和方法，推行快速挖掘作业，保证了山西煤炭产业生产得到迅速恢复，生产技术水平得以提升。实行"改建与新建相结合，以改建为主，大中小相结合，以中小为主"的政策方针对大同、阳泉等老煤矿区进行生产能力的扩建和发展，成立汾西矿务局（现为汾西矿业集团公司）和西山矿务局［现为西山煤电（集团）有限责任公司］，为山西形成我国煤炭资源基地奠定了基础。1966—1976年"文革"期间，山西省在国家宏观因素的影响下，制定并出台了一系列支持产业技术水平提高的政策措施。其中包括：大力推广使用双滚筒采煤机组、重型可弯曲刮板输送机、强力钢丝绳胶带、吊挂胶带输送机等新型设备，保证了山西煤炭产业技术水平在"文革"期间仍然有所提高。

③政策演进特点

在我国大力恢复国民经济建设和"文革"的影响下，山西煤炭产业政策经历了从以恢复生产为主向在国家政治影响下的短期化和随意化的转变。

(2) 转轨发展阶段

①政策目标

受国家经济建设对煤炭资源大量需求和产业自身发展需要的影响，该时期山西煤炭产业政策的主要目标是保证国民经济调整对煤炭的需要的同时搞好煤炭工业自身的调整。

②主要政策内容

为保证政策目标的实现，该时期山西煤炭产业政策主要政策内容包括：政策上鼓励和支持乡镇煤矿发展壮大。通过"两个一起上"的煤炭产业发展政策的实施，充分发展了乡镇煤矿和私营小煤窑，减轻了国民经济增长对煤炭的需求与煤炭产能不足的矛盾。从政策上大力推进煤矿技术进步和煤矿作业规程制定，提升煤炭产量。本着"以矿养矿、分期改造、由小到大、逐步提高"的政策方针，保证了国营煤矿的生产技术水平得到了平稳提升；在政策方针的指导下，对县级以上的重点煤矿以及一些一般煤矿进行重点改造，提高了煤矿的开采技术能力和生产能力。"五五"时期，随着我国以经济建设为中心的政策方针的制定与实施，以实现企业内部经营机制的改革为主要内容，以扩大煤炭企业的自主经营权为目标的山西煤炭产业政策初步成形。"六五"时期，山西煤炭产业政策以"改革、开放、搞活"的产业政策方针为主。在国家开始将山西纳入国家能源基地建设规划的影响下，在产业发展政策上，突出强调煤电先行的优先发展政策；在煤炭资源开发政策上，强调"有水快流"，鼓励地方乡镇煤矿蓬勃兴起的政策；在财政投资政策上，实行对煤矿大力倾斜扶持的政策。1984年开始，在国家《关于进一步扩大国营工业企业自主权的暂行规定》的条例的作用下，政策上逐渐放松对煤矿企业的行政性管理，开始以"统筹、协调、监督、服务"为政策的主要内容，逐步实施计划管理与承包制相结合的发展举措和政策措施。"七五"时期，为落实国家宏观政策精神要求，从政策上开始强调对煤炭产业的整顿和改造。主要内容包括：大力推进国有重点煤矿总承包制、加快对采煤机械化作业的推行和煤矿质量标准化的建设、对地方煤矿进行科学管理和宏观管理。

③政策演进特点

在国家经济社会发展状况和宏观政策的影响下，山西煤炭产业政策实现了从在国家支持下的以促进煤炭产业快速发展和促进煤炭工业技术进步、规范作业为目标的政策举措向以促进煤炭产业初步实现计划管理和承包机制相结合的政策举措的转变，为下一阶段的促进煤炭产业市场化发展政策的制定与实施奠定了基础。

(3) 市场化培育与发展阶段

①政策目标

受我国大力推进社会主义市场经济建设的影响，山西煤炭产业政策的主要目标是推进煤炭产业市场化改革和煤炭产业发展逐步规范化。

②主要政策内容

在政策目标的约束下，该时期山西煤炭产业政策主要政策内容包括：1994年，在国家《九十年代产业政策纲要》的作用下，山西煤炭产业政策从内容上发生了较大的变化。主要体现在：在财政投资政策上，由"全方位、高强度、大规模的区域投资"转化为"重点项目投资"，开始实施"拨改贷"政策；在价格政策上，开始实施国家宏观指导下的市场调整政策。政策上以支持煤炭企业市场化改革、加大煤炭企业内部整顿和现代化市场管理力度为主，促进了煤炭企业逐渐实现从计划经济管理体制向市场经济管理体制的转变。制定煤炭货款拖欠处理办法，严格执行"三不"政策和"以销、以运定产"的产业政策方针。政策上鼓励煤炭企业实施"以煤炭生产为主、多种经营"的经营战略。1998年，山西省确立了"理顺管理体制、重审发展规划、调整发展政策、制定整顿方案"的煤炭产业政策方针,提出了"统一领导、联合竞争、优质廉价、占领市场"的煤炭经营16字方针。1998年,为应对亚洲金融危机对山西煤炭产业的冲击,根据国家宏观政策部署,山西省煤炭产业开始实施"关井压产"和煤炭总量调控政策,煤炭产量开始下降。

③政策演进特点

在我国经济体制改革和市场化进程的推动下,山西煤炭产业政策实现了从计划经济体制下对产业的全面管控向市场经济体制下的政策上的全面放开再到受金融危机影响下的以规范化整顿为政策重点的演进。

(4) 快速发展与转型发展阶段

①政策目标

2003年开始,伴随着我国社会主义市场经济建设的不断深入和我国经济社会的高速发展,山西煤炭产业进入了一个超常规快速发展阶段,山西煤炭产业政策出现了快速而较大的变动。科学发展、和谐发展、以人为本等新的发展理念的出现为山西产业政策的演进提供了新的环境空间和动力因素。

该时期山西煤炭产业政策主要目标是以市场化为导向、以产业规模化为基础、以安全生产为目的、以节能降耗为根本实现山西煤炭产业健康发展。

②主要政策内容

该时期是山西煤炭产业政策体系不断完善的关键时期,也是山西煤炭产业政策对国家煤炭产业政策的有效补充得以实现的时期,这一时期的政策构成了山西煤炭产业政策体系的核心内容。该时期主要政策内容包括:从政策上开始注重推进"大集团、大公司、大基地"战略的全面实施,以保障煤炭资源整合和市场化改革的推进。2004年,山西省人民政府颁布《山西省人民政府关于继续深化煤矿安全整治的决定》的通知,明确提出"资源整合、能力置换、关小上大、有偿使用"的煤炭产业指导思想和原则,并于同年率先在临汾市开展了"煤炭采矿权有偿使用"的试点工作。2005年,山西省人民政府颁发《关于推进煤炭企业资源整合和有偿使用的意见(试行)》,并于2005年8月1日,由山西省国土资源厅、省煤炭工业局、省煤矿安全监察局联合颁发了《山西省煤炭企业资源整合和有偿使用实施方案》的草案，草案的出台，象征着山西省全面启动了煤炭资源有偿使用以及资源整合政策，拉开了山西煤炭产业政策改革创新的帷幕。2008年，山西省政府根据国务院《关于促进煤炭工业健康发展的若干意见》的指示："坚持先进生产力和淘汰落后生产力的原则，一方面加快大型煤炭基地建设、国有重点煤矿的经营以及中小煤矿的兼并改造，另一方面按照相关法律关闭一些污染严重、浪费资源以及缺乏安全生产条件的小煤矿"，出台《关于加快推进煤矿企业兼并重组的实施意见》，意见的出台，象征着山西省对煤炭企业整治过程的开始。2009年5月12日，山西省政府颁发《关于进一步加快推进煤矿企业兼并重组整合有关问题的通知》，通知进一步明确了煤矿企业兼并重组整合的数量、责任、主体、方案编制、整合工作完成时间等各个方面的内容。政策的出台，标志着山西全省范围煤炭产业结构大调整的开始。针对煤炭产业发展过程中的安全问题和环境问题，山西省通过煤炭产业规制性政策的制定和实施，保证了对安全生产和环境保护工作的落实，强化了煤炭产业自身与安全生产、环境保护的协调发展。

③政策演进特点

在可持续发展和科学发展等理念的影响下，转变山西煤炭产业发展方式、调整产业结构、对山西煤炭产业发展过程中的外部性进行规制、促进山西煤炭产业健康发展成为这一时期山西煤炭产业政策演进的目标。山西煤炭产业政策实现了从片面的、短期化产业政策向以市场化为导向、以规模化为基础、以安全生产为目标、以煤炭资源综合利用为根本的综合性产业政策体系的演进。这一时期也成了山西煤炭产业政策实现快速演进和对国家煤炭产业政策有效补充的时期，是山西煤炭产业政策演进的关键阶段。

(5) 高质量发展阶段

①政策目标

2012年始，世界煤炭价格整体大幅走低，煤炭市场进入低迷期。2013年召开的十八届三中全会集中研究了我国全面深化改革的若干重大问题，提出了"紧紧围绕使市场在资源配置中起决定性作用深化经济体制改革，坚持和完善基本经济制度，加快完善现代市场体系、宏观调控体系、开放型经济体系，加快转变经济发展方式，加快建设创新型国家，推动经济更有效率、更加公平、更可持续发展"的要求。山西煤炭产业的发展进入了一个机遇与风险并存的矛盾期，深化改革、创新发展，推动煤炭产业实现内涵式、高质量发展成为该时期的总体目标。

该时期山西煤炭产业政策的主要目标是，通过技术创新，深化能源革命，实现煤炭的清洁高效利用；在保障能源供给安全的前提下，注重煤炭产业治理能力提升工程建设，推动煤炭产业实现"减""优""绿"发展，最终走向高质量科学发展道路。

②主要政策内容

该时期是山西煤炭产业政策体系进一步完善的时期，也是山西煤炭产业实现转型发展的关键时期，这一时期的政策体现了山西作为我国资源型省份转型发展的核心要义。该时期主要政策内容包括：2013年，为应对煤炭市场持续下行的局面，山西省出台《进一步促进全省煤炭经济转变发展方式实现可持续增长的措施》，并从近期、中期和长期进行了分类推进实施，为化解"煤电之争"、能源审批体制改革以及解决"气权"与"煤权"分置提出了较为详尽的措施。为深入贯彻落实财政部、国家税务总局发布的《关于实施煤炭资源税改革的通知》，清理规范涉煤收费，深化煤炭管理体制改革、简政放权、规范市场秩序，最大限度地减轻煤炭企业负担，推动煤炭行业深化改革和科技创新，进而促进煤炭工业可持续发展，2014年山西省出台《涉煤收费清理规范工作方案》，对清理规范任务和责任分工以及组织实施进行了详尽的规定。2015年，山西省出台《关于深化煤炭管理体制改革的意见》，提出从资源配置、项目审批、建设生产、生态治理、安全监管、销售体制、交易方式、企业改革、权力约束、法治建设等重点领域和关键环节推进煤炭管理体制改革，到2017年基本实现煤炭管理体制和管理能力现代化。2016年，山西省出台的《山西省煤炭供给侧结构性改革实施意见》，从产业布局、产业升级、产业安全发展等方面，对山西煤炭产业开展供给侧结构性改革提出了详尽的要求。2017年颁布的《山西省"十三五"煤炭工业发展规划》，从遵循能源革命战略思想，围绕国家提出的"创新、协调、绿色、开放、共享"五大发展理念，提出了"以煤炭行业脱困发展和转型升级为目标，以深化体制机制改革为动力，以提高质量效益为中心，以煤炭供给侧结构性改革和化解煤炭过剩产能为途径，推动全省煤炭行业安全、清洁、高效、低碳发展"的高质量发展规划。该规划的出台，也标志着山西全省范围内的煤炭产业优化升级的开始，也是山西推动能源革命的前奏曲。

③政策演进特点

在国家"五位一体"总体布局和"四个全面"战略规划的约束下，积极出台政策推动山西煤炭产业实现高质量发展是该时期政策的主要特征。山西煤炭产业政策实现了对我国全面深化改革指导思想的回应，实现了向以提升煤炭市场治理和煤炭企业治理能力为目标的综合性政策的演进。政策内容体现出了山西煤炭产业向高质量发展路径转化的迫切性和必然性，体现出了山西实施能源革命的路径选择和对煤炭产业未来发展的要求。

山西煤炭产业政策在国家和山西省经济社会环境的影响下以及国家煤炭产业政策的约束下，实现了以不同内容为政策目标重点的演进，形成了特点各异的演进阶段（表3-1），体现了国家和山西省经济社会环境的变化对政策演进的影响作用。从对演进阶段的划分可以看出，山西自身煤炭产业政策体系的形成主要出现在快速发展与转型发展阶段，同时，这一阶段也是山西煤炭产业政策在政策目标和政策手段上改变最大的阶段。始自于2013年的高质量发展阶段虽然是山西转型发展和煤炭产业科学发展的关键阶段，但从整体上看，该阶段一是受国家层面的宏观政策环境的约束较大，再就是该政策阶段正好是我国煤炭产业整体低迷时期，政策效果和政策实施过程中的问题难以在短期内得到较全面的验证。因此，在本研究中将快速发展与转型发展阶段作为山西煤炭产业政策演进研究的主要对象阶段。

表3-1 山西煤炭产业政策演进阶段

演进阶段	政策目标	政策演进特点
初步成形阶段（1949—1978）	以基本建设为第一位，全面恢复煤炭企业生产，保障国民经济建设对煤炭资源的需求	1.政策上经历了从以恢复生产为主向在我国政治因素影响下的政策短期化和随意化的转变。 2.以执行国家煤炭产业政策为主。
转轨发展阶段（1979—1992）	保证国民经济调整对煤炭的需要的同时搞好煤炭工业自身的调整	1.政策上实现了从在国家支持下的以促进煤炭产业快速发展和煤炭工业技术进步、规范作业为目标的政策举措向以促进煤炭产业初步实现计划管理和承包机制相结合的政策举措的转变。 2.仍处于国家产业政策的全面掌控之中。
市场化培育与发展阶段（1993—2002）	推进煤炭产业市场化改革和煤炭产业发展逐步规范化	1.政策上实现了从计划经济体制下对产业的全面管控向市场经济体制下政策的全面放开的变迁。 2.市场经济体制下政策的全面放开到以规范化整顿为政策重点的演进。 3.出现了局部对国家产业政策的调整，但以国家产业政策为主。
快速发展与转型发展阶段（2003—2012）	以市场化为导向、以产业规模化为基础、以安全生产为目的、以节能降耗为根本实现山西煤炭产业健康发展	1.实现了从片面的、短期化政策向以市场化为导向、以规模化为基础、以安全生产为目标、以煤炭资源综合利用为根本的综合性产业政策体系的演进。 2.这一阶段是山西煤炭产业政策快速演进和实现对国家煤炭产业政策有效补充的时期，是山西煤炭产业政策演进的关键阶段。
高质量发展阶段（2013年至今）	深化能源革命，实现煤炭清洁高效利用；注重煤炭产业治理能力提升工程建设，推动煤炭产业实现"减""优""绿"发展和高质量科学发展。	1.实现了对我国全面深化改革指导思想的回应，实现了向以提升煤炭市场治理和煤炭企业治理能力为目标的综合性政策的演进。 2.该阶段政策整体上以围绕山西综改和转型发展为出发点，更多地体现了山西作为我国能源革命综合改革试点和资源型区域综改示范区的发展目标。

3.3 本章小结

本章首先依据我国和山西省经济社会发展过程，并考虑研究需要，对山西煤炭产业政策演进阶段划分的目的、原则以及依据进行了分析说明。其次，以前面的分析为基础，将山西煤炭产业政策演进阶段划分为：初步成形阶段（1949—1978年）、转轨发展阶段（1979—1992年）、市场化培育与发展阶段（1993—2002年）、快速发展与转型发展阶段（2003—2012年）、高质量发展阶段（2013年至今）5个阶段，并对5个阶段的山西煤炭产业政策的目标、主要内容和演进特点进行了分析。最后，明确了以快速发展与转型阶段为主要研究阶段范围和重点。

通过对山西煤炭产业政策演进阶段的划分和对不同阶段政策目标、内容及演进特点的分析，为全面理解山西煤炭产业政策演进过程提供了帮助，同时，也为明确本研究对象阶段提供了直接依据，为随后进行的山西煤炭产业政策演进影响因素和路径分析奠定了基础。

第4章　山西煤炭产业政策演进的主导因子及其作用

产业政策作为规范产业发展的一种政府干预性措施,其制定和实施与经济社会环境和产业自身环境存在着密切的关系,这些环境因素对产业政策的变迁从不同方向产生了影响作用,构成了产业政策演进的影响因素。

通过对山西煤炭产业政策演进历程及阶段进行分析,不难发现山西煤炭产业政策在我国经济社会环境和社会价值体系理念的影响下,经历了由计划经济体制下的以全面控制为主要手段的政策体系到市场经济体制下的宏观控制与市场调节相结合的政策体系的转变;实现了由过度强调煤炭产量增长的单一政策目标向多目标并举的产业政策体系的转变;实现了推动煤炭产业从粗放式增长模式向内涵式、高质量发展模式的转变。这些变化体现的是在影响因素作用下的产业政策体系的不断调整和优化,其实质是在影响因素作用下的动态变迁过程。

因此,对山西煤炭产业政策演进影响因素及其主导因子以及各主导因子对产业政策演进的影响作用进行深入研究,有利于揭示山西煤炭产业政策演进环境,为研究山西煤炭产业政策演进动力和路径提供理论基础。同时,鉴于山西煤炭产业政策形成自己特色的演进路径主要始于快速发展与转型发展阶段,本章将以该阶段及其后续阶段为主要研究对象。

4.1 山西煤炭产业政策演进的影响因素

通过对现有文献和研究进行分析可以发现，山西煤炭产业政策的制定与实施受到宏观的经济社会发展状况、其他相关法律法规以及相关产业政策的影响。在这些宏观因素和产业自身发展特性的影响下，形成了主要由涉及产业布局政策、产业组织政策、产业安全政策、产业环保政策、产业结构政策以及产业技术政策等不同政策目标的专项政策构成的山西煤炭产业政策体系。这些专项政策在社会宏观环境和政策体系自身的影响下，通过政策目标和政策手段的不断调整实现了对外部影响因素的回应，同时又对产业政策的演进产生影响作用，体现的是外部环境影响因素对山西煤炭产业政策演进的影响。

(1) 煤炭产业布局政策

煤炭产业布局政策主要是根据国家经济发展方式和国家能源战略的总体部署，通过对山西煤炭资源进行合理规划，构建山西煤炭产业总体布局，是山西煤炭产业发展的总战略和国家能源战略得以实施的基本保障。煤炭产业布局政策宏观上受到国家和山西省经济发展方式以及国家能源战略的影响，是对山西煤炭产业发展的战略性规划。为解决传统资源型经济的弊端，山西省在资源型经济转型发展方面进行积极探索，建立煤炭产业可持续发展政策措施试点，循环经济试点和生态省建设试点，取得了一定的成效。2010年底，"山西省国家资源型经济转型综合配套改革试验区"的获批，进一步对山西省经济和社会发展提出新的要求，也对煤炭产业的未来发展和布局产生新的约束。同时，产业布局政策本身又会对山西煤炭产业其他专项政策目标产生影响，是山西煤炭产业政策体系中的战略性政策。

(2) 煤炭产业组织政策

山西煤炭产业组织政策主要体现的是我国和山西省经济增长方式对

山西煤炭产业发展的要求和影响作用。通过市场与政府规制相结合的方法，实现山西煤炭资源整合和企业的兼并重组，促进煤炭企业实现集团化和一体化发展，提高企业竞争力和行业进入壁垒构成了煤炭产业组织政策的主要内容。

山西煤炭产业组织政策的有效实施，既有助于山西经济发展方式的转变和山西煤炭产业可持续发展目标的实现，也有助于提高山西煤炭产业的整体安全生产能力。因此，产业组织政策既是其他专项政策得以实现的政策基础，也是我国经济发展方式转变的直接体现。

(3) 煤炭产业安全政策

煤炭产业安全政策是山西煤炭产业政策中的一项重点政策，是伴随着山西煤炭产业发展而不断变化的主要政策之一。煤炭产业安全政策既涉及监管部门对煤炭企业的安全监督管理，也涉及煤炭企业自身在安全生产压力和政策约束下的安全生产管理以及社会对煤炭产业的安全生产的监督。安全发展观的形成和安全生产形势的恶化，使煤炭产业安全生产成为政府和社会高度重视的焦点问题，也因此上升为煤炭产业发展过程中的主要焦点问题；科技进步为煤炭产业安全政策的优化和煤炭产业安全发展的实现创造了条件。安全生产作为煤炭产业政策的重要政策变量，安全政策也成为山西煤炭产业政策的主要组成部分，属于规制性政策。

(4) 煤炭产业环保政策

在可持续发展和构建和谐社会的理念下，环境问题成为我国经济社会发展过程中的重大问题。人与自然的和谐、在经济建设过程中实现对自然环境的保护、实现经济发展和生态环境的协调统一成为我国在环境约束下对经济社会发展提出的新目标和新要求。

山西煤炭产业环保政策是在生态环境这一宏观影响因素的影响下，依据煤炭产业在生产、运输和消费过程中对生态环境造成的破坏，从煤炭产业的全过程对环境保护和生态治理进行规制的综合性政策。环保政策的目的是通过产业政策实现对煤炭产业外部性的规制，在煤炭产业发展过程中实现人与自然的和谐,实现经济发展与生态保护的协调,是煤炭产业实现可持续发展的关键政策。

(5) 煤炭产业结构政策

在能源战略和环境压力的作用下,我国能源结构政策的重点是鼓励大规模利用清洁能源,减少能源利用中对环境的污染,通过转变发展方式降低能源消耗,同时,通过推行天然气等清洁能源和发展风能、核能、太阳能等新能源达到调整能源产业结构的目的。但是,受我国能源资源禀赋的影响,在很长一段时间内,煤炭在我国能源生产和消费结构中的主导地位仍然难以改变。

山西煤炭产业结构政策在很大程度上受到我国能源结构政策的影响,是对我国能源结构调整和实现资源综合利用的回应。在能源结构调整和实现煤炭资源综合利用举措的影响下,发展洁净煤技术、煤炭深加工技术以及实现对煤炭开采过程中的伴生物的高效利用,鼓励煤炭企业通过产业链的延伸和技术升级实现对产业结构的优化和调整成为山西煤炭产业结构政策的重点。因此,山西煤炭产业结构政策是在政策外部环境因素的影响下,对山西煤炭产业未来发展方向和产业结构调整方向进行政策性约束的专项政策。

(6) 煤炭产业技术政策

山西煤炭产业技术政策总体秉承在政策的作用下,实现为山西煤炭产业政策成功实施提供技术支持和保障的目标,其主要受到外部技术条件和产业自身发展的影响。在科技创新是第一生产力的条件下,煤炭产业技术政策是引导山西煤炭产业实现可持续发展和科学发展的关键政策,同时,产业技术政策目标又受到其他专项政策目标的影响,二者形成相辅相成的关系。因此,煤炭产业技术政策既是引导山西煤炭产业健康发展的专项政策,更是煤炭产业实现健康发展的保障。

通过对山西省煤炭产业政策的构成和对不同专项政策进行分析,可以看出,专项政策之间存在着很强的相关性和影响性,其制定和实施体现的是山西煤炭产业政策体系的多目标性,并对山西煤炭产业政策演进产生直接影响作用。同时，这些政策目标的确立又不同程度地受到外部环境因素的影响，构成山西煤炭产业政策演进的外部影响因素。通过绘制影响因素构成分析图（图4-1），对山西煤炭产业政策演进的影响因素进行分析，可以看出，政策演进的主要影响因素包括：经济增长方式、生态环境、能源结构、资源利用方式、安全形势、技术条件等6个方面。

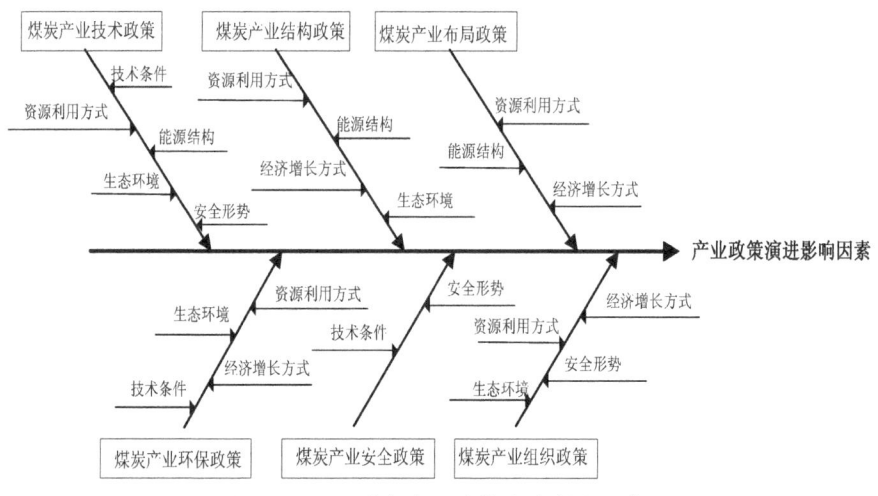

图4-1 山西煤炭产业政策演进影响因素

这些影响因素从不同角度对山西煤炭产业政策的制定和实施产生了促进作用，同时，为山西煤炭产业政策变迁形成了的动力空间，为政策演进创造了条件。

4.2 主导因子筛选

为定量判别影响因素对山西煤炭产业政策演进的影响程度，研究采用主成分分析法来确定各因素对政策演进影响的方差的大小，进而通过建立综合评价模型确定各因素影响程度的大小，以确定山西煤炭产业政策演进过程中的主导影响因子。

4.2.1 筛选方法

主成分分析是设法将原来众多具有一定相关性的指标（比如P个指标），重新组合成一组新的互相无关的综合指标来代替原来的指标，通常数学上的处理就是将原来P个指标作线性组合，作为新的综合指标。最经典的做法就是用F_1（选取的第一个线性组合，即第一个综合指标）的方差来表达，即Var（F_1）越大，表示F_1包含的信息越多。因此在所有的线性组合中选取的F_1应该是方差最大的，故称F_1为第一主成分。如果第一主成分不足以代表原来P个指标的信息，再考虑选取F_2即选第二个线性组合，为了有效地反映原来信息，F_1已有的信息就不需要再出现在F_2中，用数学语言表达就是要求cov（F_1，F_2）=0，则称F_2为第二主成分，依此类推可以构造出第三、第四，……，第P个主成分。

主成分分析数学模型：

$$F_1=a_{11}X_1+a_{21}X_2+\cdots+a_{p1}X_p$$
$$F_2=a_{12}X_1+a_{22}X_2+\cdots+a_{p2}X_p$$
$$\cdots\cdots$$
$$F_m=a_{1m}X_1+a_{2m}X_2+\cdots+a_{pm}X_p$$

其中a_{1i}，a_{2i}，…，a_{pi}（i=1，…，m）为X的协差矩阵Σ的特征值对应的特征向量，X_1，X_2，…，X_p是原始变量经过标准化处理的值。

因为在实际应用中，往往存在指标的量纲不同，所以在计算之前先消除量纲的影响，而将原始数据标准化。在本研究中，所有数据都是基于满意度指标打分，不存在量纲影响，故不需要进行数据标准化。

本研究主要是根据主成分分析法进行因子分析，建立主成分得分系数矩阵，再建立综合评价模型，根据模型中变量系数确定权重，以确定影响度的大小。

4.2.2 指标选取原则

本研究所选取的数据由煤炭产业政策体系决定。选择指标时主要考虑到以下3个原则：

（1）建立的煤炭产业政策影响因素测评指标体系，必须是相关专家认为重要的。由专家来确定影响因素评价指标体系，是设定煤炭产业政策影响因素指标体系最基本的要求，因此，研究专家认为最关键的测评指标。

（2）影响因素指标必须是可测量的。

（3）煤炭产业政策影响因素评价指标间需要具有一定的关联度。

4.2.3 筛选过程

根据前文中对山西煤炭产业政策演进影响因素的研究，并参考现有文献研究结论，在本研究进行影响因子分析时，选择经济增长方式、生态环境、资源利用方式、安全形势、能源结构以及技术条件6个因素为影响因子。

为保证分析结论的准确，模型所需数据均根据专家对影响因子的重要性打分获得，评分标准为：影响程度非常大5分，影响程度大4分，影响程度一般3分，影响程度不大1~2分。本研究共向有关专家发放调查问卷22份，其中，收回有效问卷20份，评分结果详见表4-1。

表4-1 煤炭产业政策影响因素评分结果

专家	生态环境	资源利用方式	经济增长方式	能源结构	技术条件	安全形势
1	4	3	3	4	4	4
2	3	2	3	2	3	2
3	4	3	4	3	2	4
4	4	4	4	4	2	4
5	4	3	4	4	4	4
6	4	3	4	4	2	3
7	3	4	4	3	2	4
8	4	2	1	3	1	4
9	5	4	4	4	3	4

续　表

专家	生态环境	资源利用方式	经济增长方式	能源结构	技术条件	安全形势
10	5	3	4	4	3	5
11	5	4	4	4	2	5
12	3	4	4	4	3	5
13	5	2	3	2	2	3
14	4	3	4	3	2	5
15	4	4	4	4	1	4
16	3	3	4	1	4	1
17	5	5	3	5	4	5
18	5	2	4	4	3	5
19	5	4	4	4	3	5
20	5	3	3	4	2	5

按照对专家的调查数据，结合因子分析法，对煤炭产业政策演进影响因素的因子分析如表4-2。

表4-2　KMO和Bartlett的检验

	取样足够度的KMO度量	0.817
Bartlett的球形度检验	近似卡方	185.443
	df	15
	Sig.	0.000

根据"KMO和Bartlett的检验"可知：巴特利特球度检验统计量的观测值为185.443，相应的概率值接近0，小于显著性水平0.05，故应拒绝原假设，认为相关系数矩阵与单位矩阵有显著差异。模型的KMO值为

0.817，根据Kaiser给出的KMO度量标准可知原有变量适合进行因子分析。

表4-3 公因子方差

影响因子	初始	提取
生态环境	1.000	0.606
资源利用方式	1.000	0.867
经济增长方式	1.000	0.857
能源结构	1.000	0.878
技术条件	1.000	0.944
安全形势	1.000	0.850

提取方法：主成分分析

在表4-3"公因子方差"表中显示了所有变量的共同度数据。其中，第一列数据是因子分析初始解下的变量共同度，它表明：如果对原有6个变量采用主成分分析方法提取所有特征值（6个），那么原有变量的所有方差都可被解释，变量的共同度均为1（原有变量标准化后的方差为1）。事实上，因子个数小于原有变量的个数才是因子分析的目标，所以不可提取全部特征值。第二列的数据是在按指定提取条件（这里为特征值大于1）提取特征值时的共同度。可以看到，除生态环境略小之外，其余的变量均在0.85左右或以上。

表4-4 解释的总方差

成分	初始特征值			提取平方和载入	
	合计	方差的/%	累积/%	合计	方差的/%
1	3.982	66.367	66.367	3.982	66.367
2	1.142	19.029	85.396	1.142	19.029
3	0.467	7.787	93.183		

续 表

成分	初始特征值			提取平方和载入	
	合计	方差的/%	累积/%	合计	方差的/%
4	0.194	3.233	96.416	—	—
5	0.141	2.344	98.760	—	—
6	0.074	1.240	100.000	—	—

提取方法：主成分分析

在表4-4"解释的总方差"中，"合计，方差的，累积"，分别表示特征值，方差贡献率，累计方差贡献率，它们描述了因子分析初始解的情况。

从表中数据可以看出，第一个因子的特征值为3.982，解释第一个变量方差的66.367%（即$\frac{3.982}{6} \times 100\%$），累积方差贡献率为66.367%；第二个因子的特征值为1.142，解释第二个变量方差19.029%（即$\frac{1.142}{6} \times 100\%$），累积方差贡献率为85.396%（即$\frac{3.982+1.142}{6} \times 100\%$）。其余数据含义类似。在初始解中由于提取了6个因子，因此原有变量的总方差均被解释，累积方差贡献率100%。

根据主成分萃取获得的碎石图（图4-2）可看出，成分1非常陡峭，2、3较为陡峭，从成分4开始变得很平坦。但考虑到一般按照特征值大于1的规则确定主成分，由于成分1和2累积方差贡献率为85.396%，大于85%。因此，选择提取主成

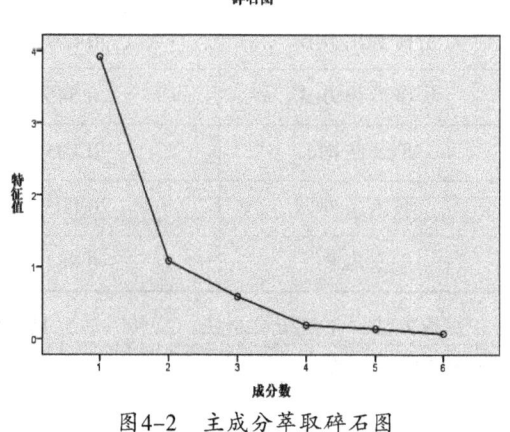

图4-2 主成分萃取碎石图

分数量为2。获得的成分矩阵、旋转成分矩阵、成分转换矩阵与成分得分系数矩阵、成分得分协方差矩阵见表4-5—表4-9。

表4-5 成分矩阵[a]

影响因子	成分	
	1	2
生态环境	0.652	−0.426
资源利用方式	0.915	0.171
经济增长方式	0.888	0.261
能源结构	0.880	−0.323
技术条件	0.596	0.767
安全形势	0.861	−0.330

提取方法：主成分分析法。a.已提取2个成分

表4-6 旋转成分矩阵[a]

影响因子	成分	
	1	2
生态环境	0.776	0.059
资源利用方式	0.622	0.693
经济增长方式	0.545	0.748
能源结构	0.895	0.279
技术条件	0.005	0.005
安全形势	0.884	0.262

提取方法：主成分分析法。旋转方法：具有Kaiser标准化的正交旋转法。a.旋转在3次迭代后收敛

表4-7 成分转换矩阵

成分	1	2
1	0.793	0.609
2	−0.609	0.793

提取方法：主成分分析法。旋转方法：具有Kaiser标准化的正交旋转法

表4-8 成分得分系数矩阵

影响因子	成分	
	1	2
生态环境	0.372	−0.111
资源利用方式	0.289	0.289
经济增长方式	0.333	0.030
能源结构	0.360	−0.100
技术条件	0.085	0.655
安全形势	0.190	0.508

提取方法：主成分分析法。旋转法：具有Kaiser标准化的正交旋转法

表4-9 成分得分协方差矩阵

成分	1	2
1	1.000	0.000
2	0.000	1.000

提取方法：主成分分析法。旋转法：具有Kaiser标准化的正交旋转法

4.2.4 筛选结果

通过对提取的两个主成分得分系数矩阵进行分析，可以发现，主成

分一对生态环境、能源结构、经济增长方式、资源利用方式因素反应充分，这些因素是我国可持续发展理念的体现，是山西煤炭产业实现健康发展的相关因素。因此，对其命名为可持续发展成分。主成分二对技术条件和安全形势因素反应充分，安全形势对煤炭产业实现安全发展提出了要求，同时，技术条件又是安全生产和发展的必要保障，因此，这两个因素对促进山西煤炭产业安全发展具有很大的影响，对其命名为安全发展成分。

利用主成分得分系数中的数据得到的两个主成分模型如下：

$$F_1=0.372X_1+0.289X_2+0.333X_3+0.360X_4+0.085X_5+0.190X_6$$

$$F_2=-0.111X_1+0.068X_2+0.030X_3-0.100X_4+0.655X_5+0.508X_6$$

用第一主成分 F_1 中每个指标所对应的系数乘上第一主成分 F_1 所对应的贡献率再除以所提取两个主成分的两个贡献率之和，然后加上第二主成分 F_2 中每个指标所对应的系数乘上第二主成分 F_2 所对应的贡献率再除以所提取两个主成分的两个贡献率之和，即可得到影响因素综合得分模型：

$$Y=0.264X_1+0.209X_2+0.252X_3+0.258X_4+0.171X_5+0.261X_6$$

上述分析结果表明，山西煤炭产业政策演进的影响因子构成了可持续发展和安全发展两个主成分。因此，在影响因子的作用下，为山西煤炭产业政策演进创造了可持续发展和安全发展两个方向的演进空间和可行路径。同时，影响因子对山西煤炭产业政策沿着这两个方向的演进产生了不同的影响度，从综合得分模型中的结果来看，各因子对山西煤炭产业政策影响度从大到小分别为生态环境、安全形势、能源结构、经济增长方式、资源利用方式和技术条件。

为进一步深入研究主要影响因子对山西煤炭产业政策演进的影响作用，依据研究需要和外部宏观经济社会发展中的主要问题和矛盾，在研究中选择对政策演进影响较大的生态环境、安全形势、能源结构、经济增长方式4个因素为主导因子。

4.3 各主导因子的作用

4.3.1 生态环境对山西煤炭产业政策演进的影响

2000年以后,我国经济的高速增长使得煤炭能源供不应求,煤炭的过度开采成为常态,煤炭生产与消费对环境污染日益严重,放任的煤炭开采以及消费政策使得山西生态环境与经济发展之间出现较大的不平衡态势。山西煤炭产业的发展造成对生态环境的巨大破坏,形成了山西生态环境状况主要依赖于煤炭产业环境治理的局面,对环境的破坏成为山西煤炭产业发展的伴生物。

随着我国经济社会发展方式和理念的不断变化,生态环境与经济发展的矛盾成为社会焦点问题。通过对生态环境的保护,实现人与自然的和谐共处,成为对经济社会发展的新要求。习近平于2005年提出"绿水青山就是金山银山"的新的科学论断,党的十九大报告中提出的"坚持人与自然和谐共生。必须树立和践行绿水青山就是金山银山的理念,坚持节约资源和保护环境的基本国策,像对待生命一样对待生态环境,形成绿色发展方式和生活方式,坚定走生产发展、生活富裕、生态良好的文明发展道路,建设美丽中国,为人民创造良好生产生活环境,为全球生态安全作出贡献"要求,充分体现了我国在新时代背景下的发展理念的转变。这些致使山西煤炭产业发展过程中的负外部性造成的对生态环境的破坏,引起国家和社会的重点关注。通过政策规制实现对产业外部性的减少和内部化,为山西煤炭产业政策的演进提供了理论依据并形成了演进空间。

受国家和社会关注度的影响,在政治利益和政策约束的作用下,无论是地方政府还是煤炭企业在经济建设和发展过程中都开始将通过对生态环境的保护以实现人与自然的和谐共处列为主要任务和发展目标。

为实现对生态环境的保护,国家从中央政府层面逐渐加大对煤炭产业发展过程中涉及生态环境方面的考核力度,出台一系列涉及煤炭产业发展的生态环境保护政策和节能减排政策。这些政策的出台一方面体现了从国家层面对生态环境保护的重视,另一方面为山西煤炭产业确定产业发展与生态环境保护并举的产业发展新方向提出要求。在国家宏观政策环境的影响下,山西煤炭产业确立了通过资源综合利用和生态环境保护提高产业可持续发展能力的产业发展目标。这一产业发展目标的确立,为山西煤炭产业政策从生态环境治理技术的应用、生态环境治理资金的落实、节能减排措施的实施、矿山生态修复的强化以及循环经济的发展等方面实现演进形成了演进空间。

因此,在社会价值体系和可持续发展观等理念的影响下,煤炭产业发展过程中造成的对生态环境的破坏这一负外部性问题成为现代社会发展所不能容忍的问题之一。这一发展理念和态度上的转变,从客观上对山西煤炭产业环保政策、产业结构政策以及产业技术政策产生了影响,为以实现可持续发展为目标的山西煤炭产业政策演进形成了演进动力空间。

4.3.2 安全形势对山西煤炭产业政策演进的影响

由于长期以来形成的山西经济对煤炭产业的高度依赖性,致使山西省在对待经济增长与加强煤炭安全监管上进退两难。在国家原有的鼓励煤炭企业通过产量增长以保障经济建设对资源需求的政策刺激下,山西煤炭产业得到快速发展,但同时也导致煤炭产业安全形势的恶化和安全生产事故的频发,对山西煤炭产业实现安全发展造成压力。安全问题是山西煤炭产业发展的主要问题,也是其共生性问题。煤矿安全事故的频繁发生使得山西煤炭产业安全形势不断恶化,山西煤炭产业安全形势成为山西省整体安全形势的主要影响因素。因此,在山西煤炭产业发展过程中,实现安全生产和安全形势好转是安全形势压力对山西煤炭产业政策演进提出的要求和目标。

山西煤炭产业政策作为对安全生产目标的回应,受到山西煤炭产业安全生产形势的影响。纵观安全形势对产业政策的影响,每一次安全事故的发生都带来政府对安全生产政策的回应,但在地方经济利益与GDP政绩等因素的影响下,这种回应只能是短期、零散的应急性回应。

山西煤炭产业安全生产问题产生的原因与山西煤炭产业政策存在很大的关系。在原有产业政策的影响作用下，山西煤炭产业形成了多、小、散、乱的产业格局。同时，受产权界定不清晰、政策连续性差等因素的影响，造成了煤炭企业安全投入不足、无序开采问题严重的产业现状。在社会舆论压力的不断促使下，通过产业政策的变迁，强化产业政策的规制作用以解决产业现存安全生产问题成为全社会的共识，并形成了山西煤炭产业政策演进的推动力。

在科学发展观和构建以人为本的和谐社会理念的约束下，安全生产问题的存在和安全形势的恶化成为山西煤炭产业和山西经济社会实现安全发展的主要瓶颈，同时，对山西省从根本上解决煤炭产业安全生产问题提出了要求。通过产业组织政策、产业安全政策和产业技术政策的演进，形成系统化、规范化的产业政策和长效安全机制，从根本上解决煤炭产业的安全生产问题成为山西煤炭产业政策对安全形势不断恶化带来的安全压力的最好回应。

4.3.3 能源结构对山西煤炭产业政策演进的影响

能源结构受国家资源禀赋条件的影响，同时也受到国家经济发展方式和社会生活方式的影响，我国的资源禀赋条件决定了我国以煤炭资源为主要能源资源供应的能源生产结构和能源消费结构。通过能源结构的调整，降低对煤炭资源的依赖并实现煤炭资源的合理消费，对煤炭产业布局和产业结构产生了影响，进而对山西煤炭产业政策的演进产生影响。

煤炭作为我国的重要能源之一，也是重要的基础性产业，煤炭产业的发展直接关系到国家的长治久安和国计民生。从新中国成立以来，煤炭在一次能源的生产和消费结构中所占的比例高达70%以上。从我国现实的富煤贫油的能源结构以及国家综合实力和经济生产安全保障来看，在相当长一段时期内，煤炭仍然是主要的能源来源之一。由于我国天然气等资源禀赋较为薄弱，新能源发展开发利用技术尚不成熟，因此新能源的开发建设还尚待时日。在中国可持续能源发展战略中，曾有20多位中科院和工程院院士都一致认为，"2050年，我国煤炭产量在所有能源结构中所占的比重不会低于50%"。因此，煤炭作为我国主要能源仍将在很长一段时期内处于主导地位。

虽然受到我国资源禀赋的影响，能源生产结构短期内无法实现大的改变，但在我国经济发展方式和社会生活方式变化的影响下，可以实现能源消费结构的优化和调整。因此，可以说能源结构的变化短期内主要体现的是能源消费结构的变化，并且一定程度上是我国经济发展方式和社会生活方式的转变的体现。

从我国现阶段经济社会发展状况和能源结构格局来看，实现能源消费结构的转变主要通过以下两个方式进行。

①通过产业结构的调整和节能降耗技术的应用，降低煤炭能源在我国经济社会发展过程中的一次能源的消费比例和消耗强度，实现能源消费结构的调整。一方面，通过产业结构调整政策的实施，从需求侧减少对煤炭的需求，用清洁能源与可再生能源逐步替代煤炭资源，使得煤炭作为一次能源的消费总量得到控制；另一方面，通过推广节能技术，推行节能降耗政策，实现对煤炭资源消耗的降低，达到降低煤炭资源消耗强度的目的。

②通过发展煤炭能源新技术，对煤炭能源进行综合利用，实现能源消费结构的优化。一方面，通过洁净煤技术的推广和应用，实现对煤炭资源的清洁化和高效利用，以降低煤炭资源利用过程中的污染物排放量，提高煤炭资源的社会效益，保证煤炭资源在社会价值体系上的可接受性；另一方面，通过煤炭深加工综合利用技术的推广，提升煤炭产业附加值，提高煤炭资源的综合利用效率，实现对煤炭资源的高效利用。

现阶段我国能源消费结构的转变方式从侧面对山西省产业结构和产业发展方式的调整提出了要求，进而对山西煤炭产业主导地位和山西煤炭产业发展方式产生了影响，为山西煤炭产业结构政策、产业技术政策以及产业组织政策的变迁创造了条件。其影响主要体现在以下两个方面。

（1）能源消费结构变化对山西煤炭产业组织政策演进的推动作用

通过产业结构的调整和节能降耗技术的应用，降低煤炭能源在我国经济社会发展过程中的一次能源的消费比例和消耗强度，实现能源消费结构的调整，从客观上为山西煤炭产业组织政策的调整创造了条件。

通过降低煤炭在一次能源消费中的比例和煤炭资源的消耗强度，降低社会对煤炭资源的需求，对煤炭产业市场产生影响。在这一影响作用下，为保证煤炭产业的经济效益并优化产业经济增长质量，山西省从客观上只能通过优化煤炭产业组织体系，通过资源整合、兼并重组以及现代技术的运用以提升煤炭产业整体竞争力。因此，能源消费结构的转变对山西煤炭产业政策以强化产业规模化和集约化发展为方向的演进起到促进作用。

(2) 能源消费结构变化对山西煤炭产业结构政策演进的引导作用

通过发展煤炭能源新技术，对煤炭能源进行综合利用，实现能源消费结构的优化，对山西煤炭产业发展方式的转变提出了要求，为山西煤炭产业自身产业结构的调整和产业发展重点的转移明确了方向。促进洁净煤技术和煤炭深加工技术发展的相关政策为山西煤炭产业结构政策的变迁创造了条件，为山西煤炭产业在发展过程中通过加强煤炭产业链的延伸，实现对煤炭资源的综合利用和深度开发、提高煤炭资源附加值、加快煤炭产业循环经济发展，最终实现山西煤炭产业可持续发展形成了外部政策环境。能源消费结构的优化为山西煤炭产业政策实现以资源综合利用为方向的政策演进起到了引导作用。

4.3.4 经济增长方式转变对山西煤炭产业政策演进的影响

经济增长方式作为产业政策的外部环境影响因素，其转变会对制度和政策的变迁产生一种强制性促进作用，同时制度或政策的变化又会更加强化经济增长方式的转变，二者相辅相成，形成一个动态循环改进的过程。煤炭产业作为我国国民经济建设的主要能源和山西省支柱产业，与其相关的产业政策必然会受到经济增长方式的影响，同时政策的变迁也一定会对经济增长方式的转变产生促进或阻碍作用。

山西作为我国资源性地区和全国老工业基地，煤炭和以煤为主的能源类重型产业在山西省地方经济建设中得到了突出发展，并占据主导地位，形成了依赖于煤炭资源的经济增长方式。与此同时，在国家宏观经济发展框架约束下,山西经济增长方式经历了从粗放型简单增长到以科学发展观为指导的、以可持续发展为目标的集约化增长的历程,经历了从煤炭经济到以煤为基、多元发展的经济结构的调整。2010年获批的国家资源型经济转型发展综合试验区建设为山西实现转型发展和可持续发展提出了新的要求。新时代高质量发展模式的提出,是我国从整体上对传统经济增长方式的优化,也是我国未来经济发展的主导原则。这些调整使煤炭产业在山西经济增长过程中的核心地位开始有所减弱,为实现经济增长方式的转变和优化创造了条件,也为山西煤炭产业政策的演进提供了演进空间。这一转变过程是在国家提出经济增长方式转变理念的基础上,山西省结合自身经济社会环境状况以及自然条件,对国家层面宏观政策的回应。

煤炭产业作为山西经济发展的主导产业,既受到整个山西省产业结构调整的影响,同时,也受到山西经济增长方式调整,尤其是煤炭产业发展方式调整这一客观现实的影响。因此,山西经济增长方式的转变主要在以下两个方面对山西煤炭产业政策的演进产生影响。

(1) 山西产业结构调整对煤炭产业政策演进的影响

山西的经济发展过程一定程度上是从过度依赖煤炭产业到煤炭产业与非煤产业并重的产业结构调整过程,这一过程既是山西经济增长方式转变的需要,也是山西经济社会实现可持续发展目标的要求。

在山西经济增长方式转变的过程中,通过对产业结构进行调整,使煤炭产业在山西经济社会发展中的主导地位受到影响并逐渐呈现出减弱的趋势。在这一趋势的影响下,山西省产业结构政策开始出现变化,实现了从片面强调煤炭产业的主导地位和作用向以煤为基、多产业并举和大力支持非煤产业发展的演进。山西省产业结构政策作为山西煤炭产业政策体系的外部宏观政策,会对山西煤炭产业政策这一子政策产生影响作用,形成山西煤炭产业政策的外部政策环境空间。因此,山西省产业结构的调整为山西煤炭产业政策从产业组织和产业结构政策上发生演进,实现煤炭产业的规模化发展和多元化发展创造了条件。

(2) 煤炭产业发展方式转变对煤炭产业政策演进的影响作用

在实现山西经济增长方式转变的诉求下，煤炭产业虽然在一定程度上受到产业结构调整带来的主导地位弱化的影响，但通过对山西经济社会发展状况研究可以看到，在山西省自然资源条件的约束下，截至2015年，山西经济发展仍然存在对煤炭产业高度依赖的现象，煤炭产业仍然在一定程度上保持着在山西经济社会发展过程中的主导地位（表4-10，山西主要行业占比变动表）。因此，山西经济增长方式的转变在一定程度上演化成为山西煤炭产业发展方式的转变。山西经济增长方式转变能否成功实现，很大程度上取决于山西煤炭产业发展方式的转变。

表4-10　山西主要工业行业占比变动

各行业占比	1990年	2000年	2005年	2010年	2015年
煤炭	22.64	26.92	38.41	57.57	45.52
冶金	16.84	20.13	22.83	12.43	15.33
炼焦	2.14	6.11	11.17	8.19	11.21
装备制造	16.79	7.1	5.48	5.82	9.24
电力	6.9	14.93	9.91	5.79	7.88
化工	12.54	7.49	4.44	2.94	3.01
食品	6.51	4.27	2.92	2.88	2.93
建材	3.99	3.89	1.68	2.19	2.33
医药	1.49	2.52	1.07	0.82	1.02
纺织	7.22	2.15	0.5	0.21	0.18
其他	2.94	4.49	1.59	1.16	1.35
合计	100	100	100	100	100

资料来源：山西统计年鉴2015

在山西经济增长方式转变主要受山西煤炭产业发展方式转变这一客观现实的影响下,为实现山西经济增长方式的转变,要求山西煤炭产业在发展过程中以改变旧的粗放式发展方式为主要任务,以实现产业集约化和对资源的高效利用、对生态环境的保护为主要目标。这一发展方式的要求和目标的提出,从客观上为山西煤炭产业组织政策的演进创造了环境空间,同时,也对山西煤炭产业政策提出了政策目标要求,对山西煤炭产业以促进产业实现可持续发展为目标的政策演进起到了促进作用。

4.4 本章小结

本章以产业政策理论为理论基础,首先通过对山西煤炭产业政策体系的构成进行分析,研究了山西煤炭产业政策演进的影响因素。其次,通过构建主成分模型和影响因素综合评价模型,对影响因素的重要性和主导因子进行研究。研究发现,在影响因素的作用下,山西煤炭产业政策演进形成了可持续发展和安全发展两个方向的演进空间;生态环境、安全形势、能源结构和经济增长方式是影响山西煤炭产业政策演进的主导因子。最后,通过对主导因子对山西煤炭产业政策演进的作用进行分析,发现这些因子分别从产业组织政策、产业结构政策、产业技术政策、产业环保政策和产业安全政策等不同方面对山西煤炭产业政策的演进起到了促进作用,形成了一定的政策演进空间。

第5章 山西煤炭产业政策演进动力与路径

山西煤炭产业政策在生态环境、安全形势、经济增长方式和能源结构等宏观环境因素和不同专项政策目标的影响作用下,形成了可持续发展和安全发展两个方向的演进空间,为演进动力的形成和演进的发生创造了条件。通过对政策演进的动力及其形成过程进行研究,分析政策演进的真实理由和演进的路径方向,可以为政策演进效应评价提供理论依据,为未来政策制定提供建议。

考虑到2003年以来是我国社会主义市场经济体制改革不断完善和经济发展方式、社会价值体系大转变的时期,是随着我国行政体制改革不断深化,地方政府和中央政府利益矛盾凸显的时期,是山西煤炭产业政策自身快速调整和优化的时期,也是山西煤炭产业政策通过演进形成自身特色的关键阶段,同时,我国第一部完整的《煤炭产业政策》也在这一时期颁布并实施。因此,本章选择山西煤炭产业政策演进的快速发展与转型发展阶段(2003—2012年)作为山西煤炭产业政策演进动力和路径研究的重点时间周期。为对山西煤炭产业政策演进进行系统化、全方位的研究,对始于"十八届三中全会"以来的,高质量发展理念下的山西煤炭产业政策的梳理和分析,也是本章的内容之一。

5.1 政策演进动力

根据制度变迁理论和产业政策理论,任何一项政策目标的确立、政策的制定以及政策的实施不仅受到外部宏观政策环境因素的约束与影响，同样在微观上存在着政策变迁的动力。

山西煤炭产业政策的变迁固然有由于新的技术和相对价格的变化而引起的政策的变迁，但更主要的是在原有政策形成的政策势差造成的产业发展势差对政策演进形成的推动力以及由于国家和山西省经济社会发展和社会价值体系变化带来的政策演进拉动力的共同作用下，产生了解决产业发展过程中的问题并实现产业未来发展目标的愿望，进而构成山西煤炭产业政策演进动力。因此，综合考虑美国经济学家诺斯和布罗姆利关于制度变迁的理论体系，在研究中采用布罗姆利的能动主义制度变迁分析理论构建山西煤炭产业政策演进动力研究路线，对山西煤炭产业政策演进动力进行分析。

在不同阶段政策影响下，山西煤炭产业的发展状况实质上是原有政策和现有政策结果的直接体现。因此，低效问题只是原有政策势差以及在政策势差作用下的产业发展势差的体现，势差的存在，对政策的演进产生了推动力并为政策演进创造了空间。随着经济社会的不断发展以及社会价值体系的不断变化，政策的宏观环境发生了变化，导致社会对产业发展现状的不满和改变现状的愿望的出现，形成了对政策演进的拉动力。在这两种力量的作用下，构成山西煤炭产业政策演进动力。因此，探寻原有的山西煤炭产业政策自身造成的政策势差和在政策势差作用下形成的产业发展势差以及国家和山西省经济社会发展和价值体系的变化，以实现对政策演进的推动力和拉动力的分析，是研究山西煤炭产业政策演进动力的基础和必然。

5.1.1 势差产生的推动力

（1）原有政策势差

本章虽然以山西煤炭产业政策快速发展与转型发展阶段（2003—2012年）为重点研究周期，但考虑到政策变迁路径依赖性的存在，因此，需要对山西煤炭产业政策演进的初步成形阶段、转轨发展阶段和市场化培育与发展阶段的主要政策势差进行分析。

①初步成形阶段

在山西煤炭产业政策初步成形阶段，受我国经济体制和行政体制的影响，山西煤炭产业政策实质上是对国家煤炭产业政策的完全落实。其主要政策目标是在国家统一计划下，实现煤炭产业的全面恢复，为国民经济建设对能源需求提供保障。但在该阶段后期，由于我国政治因素的影响，致使政策目标和政策执行方式出现了较大偏差，政策的随意性和短期性较强，形成了2个主要政策势差：一是在国家政策方针的作用下，山西省以国家政策为依据，在政策上以强调煤炭产业得到全面恢复为主要任务，这一目标的确立，造成政策目标的过度单一化势差。二是在该阶段后期，受到我国政治环境的影响，政策波动大，形成政策的随意性和短期性势差。

②转轨发展阶段

山西煤炭产业政策转轨发展阶段，是我国以经济建设为中心的初步发展阶段。在"经济建设第一位"思想的影响下，煤炭产业开始了以保经济增长为目标的大发展。

该时期政策的主要目标是，在实现保证经济建设对煤炭资源需要的同时，搞好煤炭工业自身的调整。在这一目标的作用下，虽然煤炭产业自身的调整被列为煤炭产业发展的目标，煤炭产业承包制开始实施，但受到"经济建设第一位"思想的影响，对煤炭产业的调整以经济形势的扭转为主要方向，政策上仍然存在对产量的过分强调和对安全管理的相对淡化。这一时期政策产生的主要政策势差体现在两个方面：一是在保证经济建设对煤炭资源需求的约束下，煤炭产业政策仍以产量增长为主要政策目标，仍然存在政策目标相对单一化的势差。二是随着我国经济体制改革的开始和行政管理方式的逐渐转变，造成"经济增长第一位"的思想在煤炭产业承包制中主导地位的延伸，产生政策严重缺位的政策势差。

③市场化培育与发展阶段

在市场化培育与发展阶段，山西煤炭产业政策主要以国家煤炭产业政策为宗旨，实现了从计划经济体制下对产业的全面管控向市场经济体制下的政策上的全面放开再到金融危机影响下的以规范化整顿为政策重点的演进。这一政策演进过程，是在国家和山西省宏观环境约束下的演进，因此，其基本符合当时的政策外部环境要求。

在这一阶段的前期，受我国市场经济体制改革的推动，在国家"走向市场、迎接挑战、扭亏为盈，实现煤炭产业重大历史转折"和"把煤炭企业推向市场化"等政策的作用下，造成山西煤炭产业政策出现了从对产业的全面管控到政策上全面推进产业市场化发展的大转变，造成山西煤炭产业外部性的凸显和政策规制的失效。随着煤炭产业市场化的过度发展，在产业外部性和亚洲金融危机的影响下，山西煤炭产业政策开始从过度强调市场化向以对产业的规范整顿为目标的转变。该阶段山西煤炭产业政策造成的政策势差主要体现在以下两个方面。

首先，在市场经济发展理念和我国行政管理体制的影响下，造成政策目标的错位和政策的缺失。

在阶段初期，为保证煤炭产业市场化改革的实现，山西煤炭产业政策在国家煤炭产业政策的要求下，形成以全面推进市场化改革为目标的产业政策，造成对煤炭产业外部性规制的放松，出现政策目标错位。同时，受该阶段我国产业政策理论研究相对欠缺和我国行政管理体制的影响，山西煤炭产业政策主要以国家煤炭产业政策为主，没有形成完善的政策体系的机制保障，又造成了山西煤炭产业政策自身的不完善和政策的缺失。

其次，在政府考核方式和地方经济利益影响下，出现了对政策手段的歪曲和政策执行不到位。

从这一时期的我国和山西省经济社会发展理念来看，"经济建设第一位"演变成为我国和山西省进行市场经济体制改革的核心理念和指导思想。虽然在阶段中后期，受到煤炭产业外部性的影响，从国家层面开始进行煤炭产业规制性政策的制定和实施，但各级政府在将经济的高速增长和GDP作为政府考核的主要任务和目标这一现实条件的影响下，其对政策的执行和自身制定的地方政策的主要关注点是如何实现GDP的增长，对在增长过程中出现的其他伴生问题只能是处于次要位置或视而不见。在这一外部环境的影响下，山西煤炭产业政策在对国家煤炭产业政策的细化过程中出现了对政策手段的扭曲和政策的选择性执行现象，安全生产和环境保护成为GDP增长的牺牲品，以煤炭产量的增长实现煤炭产业经济的增长成为山西煤炭产业政策的政策内容，造成对政策手段的歪曲和政策执行不到位。

通过综合以上对三个阶段政策演进的分析，可以看到，政策势差主要体现在政策目标的单一化、政策的随意性和短期性、政策目标错位、政策缺失、政策手段歪曲和政策执行不到位6个方面。在这6个势差的作用下，形成了山西煤炭产业发展过程中的产业发展势差。

（2）政策势差造成的产业发展势差

通过对山西煤炭产业政策演进过程中形成的政策势差进行分析，可以发现，在政策的不同阶段，受经济社会环境的影响，形成了不同的政策势差，在政策势差的作用下，造成产业发展势差的出现，为新的政策过程的出现提供了空间，形成了政策的演进。

山西煤炭产业政策在市场化培育与发展阶段的演进，体现了原有产业发展势差和宏观环境的作用，实现了对原有产业发展势差的部分消除，但同时也产生了由自身政策势差所带来的新的产业发展势差。因此，山西煤炭产业发展势差既包括未消除的原有产业势差，也包括该阶段产业政策势差带来的新的产业发展势差。

在鼓励煤炭产业进行市场化改革政策的影响下，山西煤炭产业出现了"散、小、乱"的局面，安全事故频发，形成了畸形化的产业结构。作为山西经济增长的支柱产业，煤炭产业大而不强，煤矿多、小、散、乱，安全生产事故频发，对生态和资源的破坏严重等现象成为政策影响下的山西煤炭产业的真实写照，与社会对山西煤炭产业未来发展的期望之间产生了势差。

随着我国社会主义市场经济建设的深入，调整煤炭产业的发展模式成为煤炭产业政策的主要任务。从国家层面来看，开始倡导"注重煤炭产业规范化发展，通过政策和法规实现对煤炭产业健康发展的引导和促进"的政策方针，但地方政府和企业在利益的驱使下仍然是采取"有水快流"的发展思路，仍然以煤炭产量的增长和GDP的增长为主要目的。

在市场化培育与发展阶段的山西煤炭产业政策和原有政策形成的政策势差的影响作用下，山西煤炭产业发展势差主要体现在以下3个方面。

①产业规模化发展程度不足,产业竞争力弱

在市场化培育与发展阶段之前的政策势差的作用下,山西煤炭产业形成了"大、中、小"共存的产业格局,煤炭企业规模小、竞争力弱。

2000年以后,随着山西省经济结构调整的推进,国家和山西省人民政府虽然明确出台关闭"五小企业"及限制其发展的产业政策,但由于存在地方经济利益体的勾结和没有系统有效的法律和政策手段,造成煤炭市场效益好转,小煤矿就会死灰复燃的尴尬局面。

2002年,在我国经济增长的带动下,全国煤炭市场再次反弹。受政策缺位的影响,有效政策约束不足,造成山西乡镇煤矿一哄而上的势头,并达到历史最高峰。2005年末山西省在生产矿井生产能力及煤炭产量情况详见表5-1。

表5-1 2005年末山西省在生产矿井生产能力及煤炭产量

	类别	矿井个数	核定生产能力（亿吨/年）	原煤产量（亿吨）
按现行统计口径划分	全省合计	4278	5.92	5.54
	1.国有重点煤矿	103	2.11	2.56
	2.地方煤矿	4175	3.81	2.98
	其中：国有地方煤矿	461	1.03	0.86
	乡镇煤矿	3714	2.78	2.12
按井型划分	全省合计			5.54
	1.大型（120万吨及以上）矿井			2.54
	2.中型（30万~120万吨）矿井			0.73
	3.小型（30万吨及以下）矿井			2.27

数据来源：山西省煤炭工业管理局

从以上的数据中可以看出，山西省煤炭产业格局是典型的以小煤矿为主的产业格局。30万吨/年及以下的小型煤矿产量占山西省煤炭总产量的40%以上，小煤矿成为山西煤炭产业的主力军，造成了产业规模化势差。

②生态环境破坏严重，可持续发展能力差

受到山西长期的煤炭产业私挖乱采和无序开发的影响，山西省生态和环境遭到大幅度破坏，造成产业的可持续发展能力不足和生态环境破坏严重势差的存在。

多年大力发展煤炭产业的政策的实施，造成山西省生态环境破坏严重，其主要体现在以下四个方面：一是受全省各地煤矿大量存在和私挖乱采的影响，山西省矿区面积累计达8000平方千米。其中采空区面积达5000平方千米以上，可引起严重地质灾害的范围超过2940平方千米，并且每年仍有近94平方千米的地区成为新的塌陷区，形成地面塌陷已达1824处。二是在煤炭的开采过程中，由于对其附属物随意处置，造成因煤炭开采带来的煤矸石堆积占地1.6万公顷，近10亿吨煤矸石及大量矿井废水中的有害物质污染了土壤和地下水源，同时，矸石的自燃进一步形成了对大气的污染。三是在煤炭产业对地下水破坏得不到重视的影响下，山西省因为煤炭开采而造成大量水资源消耗。山西作为缺水地区，煤炭产业发展对水资源的浪费和消耗，给生活用水和其他行业发展造成了很大的负面影响，形成了水资源严重短缺的局面。四是，在以煤炭产业经济为支柱经济的发展方式下，山西演变为全国污染最严重的省份。

③安全事故频发，安全生产形势严峻

纵观我国煤炭产业和煤炭产业政策的发展历程，一直以来都比较重视煤炭安全生产问题。在新中国成立伊始成立的燃料工业部之下就设置了安全监察处，1952年第二次全国劳动保护工作会议上就明确提出要坚持"安全第一"的方针和"管生产必须管安全"的原则。但是，随之而来的"大跃进"致使煤矿行业在"夺高产"思想的影响下，开始了"快速提高煤炭产量保障经济建设需要"的发展路线，煤炭产业在建设和生产过程中更加强调的是多出煤、快出煤，"安全第一"仅仅成了一种口号式宣传政策，煤炭产业出现了安全事故激增、安全隐患严重的局面。

因此，现有煤炭产业安全生产问题严重的状况在很大程度上是由于受到原有产业政策的政策势差的影响而造成的。

受到原有政策势差的影响，山西煤炭产业事故频发，安全形势严峻。2001—2015年，山西省煤炭行业共发生重大及以上安全事故仍然较多，特别重大事故仍然有反复，这在一定程度上也成为在政策影响下的，山西煤炭产业畸形结构发展的直接结果，形成了安全生产势差。2001—2015年，山西省煤炭行业矿难情况详见表5-2。

表5-2 山西煤炭行业2001—2015年矿难次数与遇难人数

年份	矿难次数	年度死亡人数
2001	185	490
2002	184	501
2003	159	496
2004	184	485
2005	165	490
2006	153	491
2007	148	458
2008	120	303
2009	72	206
2010	64	144
2011	54	74
2012	39	83
2013	40	75
2014	26	35
2015	33	77

资料来源：山西省煤矿安全监察局

(3) 推动力分析

通过对初步成形阶段、转轨发展阶段以及市场化培育与发展阶段的山西煤炭产业政策进行分析,可以看出,这一时期的产业政策从政策自身上形成了政策目标的单一化、政策的随意性和短期性、政策目标错位、政策缺失、政策手段歪曲和政策执行不到位6个方面的势差。在政策势差的作用下,对山西煤炭产业发展造成了产业规模化程度不足、生态环境破坏严重和安全事故频发3个方面的产业发展势差。

在政策势差作用下的产业发展势差的出现,对山西煤炭产业政策的演进产生了推动力(图5-1),对山西煤炭产业政策演进的发生起到推动的作用,其主要体现在以下三个方面:一是产业规模化程度不足的势差,对山西煤炭产业组织政策从以大力发展乡镇煤矿、"大、中、小"一起上为政策目标向以促进山西煤炭产业规模化发展和集约化发展为政策目标的演进起到推动作用。二是生态环境破坏严重的势差,为山西煤炭产业环保政策向以实现产业和生态环境和谐发展为政策目标的演进起到强制性推动作用,同时,在这一作用的影响下,对山西煤炭产业技术政策和监督管理政策的演进起到引导作用。三是安全事故频发的势差,为山西煤炭产业安全政策向以安全发展为政策目标,通过系统化的安全政策的制定,实现煤炭产业安全全面管理的演进起到推动作用,并带动了山西煤炭产业技术政策和安全监督管理政策的完善和变迁。

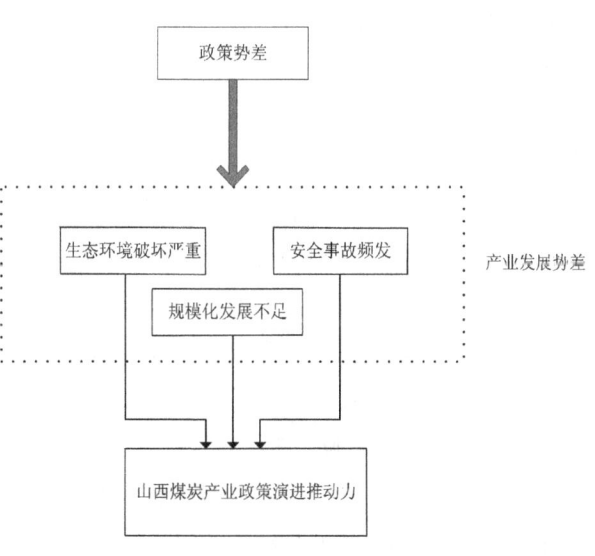

图5-1 山西煤炭产业政策演进推动力构成

5.1.2 政策演进拉动力分析

依据布罗姆利制度变迁理论，在社会外部环境因素的作用下，实现社会对未来的期望是制度变迁的原因之一。在我国和山西省经济社会不断发展、社会价值体系不断调整的影响下，社会对山西煤炭产业的未来发展形成新的期望，山西煤炭产业政策的外部宏观环境发生了变化。外部宏观环境的变化为山西煤炭产业政策的演进创造了空间，新的期望的出现为山西煤炭产业政策的演进形成了拉动力，并成为山西煤炭产业政策演进的动力因素。

（1）宏观环境影响带来的拉动力

随着我国经济体制改革的不断深化和经济社会的不断发展，可持续发展和科学发展理念以及和谐社会的构建成为我国经济社会发展的指导思想，社会价值体系和社会发展观随着我国经济社会发展思路的转变发生了根本性变化。通过对资源的综合高效利用，在实现当代发展的基础上，为后代发展创造条件；通过对生态和环境的保护，实现人与自然的和谐发展；以人的生命为本，实现安全发展成为我国社会价值体系的新因素，更是可持续发展和安全发展的具体表现。价值体系的调整，对山西煤炭产业发展提出新的要求，为山西煤炭产业树立了新的发展目标，期待山西煤炭产业实现可持续发展和安全发展，在外部环境的影响作用下，为山西煤炭产业政策形成了以可持续发展和安全发展为主线的演进空间。因此，以实现山西煤炭产业可持续发展和安全发展为发展目标，在我国和山西经济社会不断发展和社会价值体系不断调整的作用下，山西煤炭产业政策体系的宏观政策环境发生了改变，为山西煤炭产业政策的演进形成了拉动力。

①可持续发展战略的提出

1993年，我国可持续发展战略的实施，从主观上对山西煤炭产业实施可持续发展战略提出要求，在客观上为山西煤炭产业政策演进提供了环境空间。在可持续发展战略的作用下，我国经济社会发展方式和社会价值体系发生了改变，并对山西煤炭产业政策演进提供了拉动力。综合山西省煤炭产业发展现状与在可持续发展理念下的我国经济社会发展目标和新的社会价值体系,其拉动力主要体现在以下4个方面。

首先,可持续发展战略的提出,从国家和山西省两个层面上都更加重视对煤炭资源的合理开采和综合利用。

我国能源资源的数量和品种,在总量上居世界前列,但由于人口众多,造成人均占有量居世界后位,同时,受我国一直以来长期存在的粗放式经济增长方式的影响,资源利用率不高,资源浪费严重。山西作为我国煤炭资源大省,在为国家经济建设不断输出能源的同时,产生了煤炭行业私挖滥采现象突出、煤炭开采回采率低、煤炭资源综合利用率低等一系列问题。这些问题的发生不仅影响山西省经济社会和煤炭产业的健康发展,同时也影响我国整体能源资源的利用和能源安全,对我国实现国民经济的健康发展和经济发展方式转变,以实现可持续发展造成了严重影响。

在我国"富煤、贫油、少气"的能源结构约束下,通过合理开发煤炭资源、提高煤炭产业开采率和煤炭资源综合利用率是煤炭产业未来的发展方向,也是我国实施可持续发展战略的必然要求。因此,在日益突出的能源资源压力的约束下,强化对煤炭资源的合理开采和综合利用,既是我国可持续发展战略成功实施的保障,也是山西煤炭产业政策演进的拉动力之一。

其次,人与自然和谐发展的理念对山西煤炭产业提出在自身得到发展的同时,实现对生态环境保护的要求。

随着经济建设的不断加快,环境和生态破坏日益严重,由于人类盲目发展造成环境破坏的事例不胜枚举,同时,由于环境和生态破坏给人类社会带来的灾难也越来越多,环境问题成为我国经济社会发展过程中日益突出的问题和世界共同关注的问题。

山西作为煤炭资源大省,在煤炭产业的发展过程中造成的对环境和生态的破坏有目共睹,由于煤炭产业发展所造成的人与自然的不和谐状态成为制约山西经济社会实现可持续发展的主要因素。在可持续发展理念的作用下,社会对山西煤炭产业的发展提出了通过对煤炭的低碳化处理,实现对煤炭能源的清洁利用,构建能源—环境—经济三者的协调发展机制；通过在产业发展过程中对生态的恢复和环境的保护，实现人类与自然共同发展，最终实现产业发展和生态环境保护同步并举的新的目标和要求。这一目标和要求的提出，为山西煤炭产业政策演进带来了拉动力。

第三，可持续发展战略的落实，客观上对山西煤炭产业强化对技术进步的重视起到促进作用。

山西煤炭产业实施可持续发展并不是产业发展的停滞不前，是在产业发展的前提下实现对煤炭资源的节约和高效利用、实现对生态和环境的保护。煤炭产业作为传统粗放型产业，技术的进步是山西煤炭产业可持续发展的基本条件和必然选择。因此，可持续发展为山西煤炭产业加快技术创新，通过技术进步提升产业发展能力起到促进作用，形成了政策演进的拉动力。

第四，随着可持续发展战略的深入，对地方政府的考核方式发生了转变，直接影响到地方政府对经济增长和生态环境保护的态度。

随着可持续发展目标的明确，我国开始将以经济增长为主的官员考核方式改变为多目标并重的考核方式。"十一五"规划中，国家将节能降耗、环境评价和经济增长三重指标进行捆绑，共同作为衡量政府官员的标准，同时，"十一五"规划明确提出对发展循环经济、保护生态环境、建设资源节约型和环境友好型社会的要求。此外，山西省在《关于修订"十一五"时期地区经济社会发展考核评价工作方案（试行）的意见》中增加反映循环经济的指标2个："工业固体废物综合利用率"和"工业用水重复利用率"，权数为1.5%；增加反映生态改善的指标"地下水位升降幅度"，权数为2%。

对地方政府和官员考核方式的转变，表明从国家和山西省两个层面上对可持续发展战略的重视，体现的是对地方经济实现可持续发展的强制性约束。在这一作用下，地方政府和官员为保证考核的完成和自身政治利益的实现，更加重视对可持续发展战略的实施。考核方式的转变从侧面为山西煤炭产业政策演进的实现带来了拉动力。

②安全发展观的树立

党的十六届六中全会指出，社会的和谐是中国特色社会主义的本质属性，党的十七大报告中强调我国以人为本的科学发展观与和谐社会的构建。这些充分说明构建以人为本、科学发展的和谐社会成为我国未来经济社会发展的目标，在这一目标支撑下，煤炭产业实现安全发展也就成为我国构建和谐社会的内在命题。围绕煤炭产业安全发展这一构建和谐社会的内在命题，构建更加有利于促进安全发展目标实现的政策环境，成为山西煤炭产业政策的主要内涵，形成更加科学、更加符合安全发展要求和更加系统化、专业化的煤炭产业政策是山西煤炭产业政策演进的方向。

正如可持续发展理念为山西煤炭产业政策演进带来拉动力一样，安全发展理念在我国经济社会发展过程中的形成和实施，为山西煤炭产业政策演进同样带来拉动力。具体体现在以下4个方面。

首先，在安全发展观理念的约束下，社会价值体系发生了变化，构建安全社会和以人为本成为新的价值理念，促进了对安全发展重视度的提高。

党的十六届三中全会上提出以"科学发展观"为理念的经济社会发展目标，这一目标理念的提出为我国经济建设提供了方向性指导和约束。科学发展的核心就是："坚持以人为本，树立全面、协调可持续的发展观，促进经济社会和人的全面发展。"科学发展观的落实，其首要任务就是要实现安全发展、以人的生命为本和构建安全社会。因此，实现安全发展正是"科学发展观"这一理念对山西煤炭产业自身发展过程中的具体要求。在中央政府的倡导和大力推进下，安全发展这一目标理念成为社会共识，使原先对生命价值的漠视为社会所遗弃，社会价值体系发生变化，对山西煤炭产业发展形成了压力，为山西煤炭产业政策实现以促进产业安全发展为目标的演进带来了拉动力。

其次，为保证安全发展的落实，从国家和山西省两个层面都加强了对安全监察组织体系的全面完善，保证了安全监察机制的完善性和合理性。

为保障煤炭产业安全发展的落实，需要从政府层面加强对煤炭企业的安全监管。2000—2005年期间，国家煤炭安全监察局和各地方煤矿安全监察局的设立，为规范和保证煤矿的安全生产和职业健康奠定了基础。在该机构相对独立的运作流程和垂直管理体系的保障下，我国"国家监察、地方监管、企业负责"的煤矿安全监管模式得到了确立。这一体系的建立和完善，为构建煤炭产业安全生产监察管理的长效机制创造了条件，体现了国家层面对安全生产监察的态度和决心以及对煤炭产业安全生产工作的重视，从主观上为煤炭安全生产政策体系的逐步完善创造了条件，形成了山西煤炭产业政策演进的拉动力。

第三，新闻媒体对安全形势重视程度的提高，为加强社会监督力量以促进安全发展观的落实创造了条件。

20世纪90年代中期，随着我国新闻媒体事业的发展和我国新闻自由度的不断提高，在公民人权意识的强化作用下，煤矿安全事故开始了从不能报道和小范围报道向公开报道的转变，为实现社会监督创造了条件。政府相关部门开始发布有关煤矿安全事故和煤矿死亡率的系统信息，并且允许新闻媒体进行更加深入的跟踪报道。同时，在网络技术快速发展的促进下，改善了信息的传播速度和广度，使煤矿安全生产事故进入了公众的视野。这一转变，在实现对事故及时通报处理的同时，强化了政府对日益严峻的安全生产形势的关注，对山西煤炭产业落实安全发展起到促进作用。从客观上形成了对山西煤炭产业政策演进的拉动力。

第四，以安全发展为理念，国家和山西省开始加大对安全考核和安全事故惩罚的力度，为以实现安全生产为根本的煤炭产业政策调整起到促进作用。

在科学发展和安全发展的作用下，我国对官员的考核内容和方式在2006年之后发生了较大的变化，国家在强调经济增长的同时，开始更加强调对安全发展的考核。2006年中共中央组织部下发《体现科学发展观要求的地方党政领导班子和领导干部综合考核评价试行办法》，其中第二十七条中明确将安全生产纳入考核指标。山西省针对国家层面的考核内容的变化，于2008年出台了《关于修订"十一五"时期地区经济社会发展考核评价工作方案（试行）的意见》。在考核指标上，"地区生产总值及人均水平"指标权重由10%下调为5%，"煤炭生产百万吨死亡率"权重由6%上调为7%。

在转变考核内容和方式的同时，国家加大了对地方官员，尤其是行政首长的安全事故处罚力度。安全一票否决制度的实施和强化，进一步增强了地方政府官员对安全的重视度，从根本上扭转了各级政府官员重经济增长轻安全管理的发展意识，使得各级地方官员从"自身利益"出发更加重视煤炭产业的安全形势的好转和安全发展的实现，为山西煤炭产业政策演进形成了拉动力。

(2) 拉动力分析

通过对我国可持续发展和安全发展理念对山西煤炭产业发展带来的影响分析，可以看出，在这两个理念的作用下，对山西煤炭产业的未来发展提出了要求和目标，在强化对煤炭资源的合理开采和综合利用、加强生态环境保护、产业自身技术进步的强化、改变对地方政府的考核方式、构建安全社会和以人为本理念的形成、安全监察组织体系的完善、新闻报道的开放、安全考核和安全事故惩罚力度的加大八个方面对山西煤炭产业政策的演进形成了拉动力（图5-2）。拉动力的形成，对山西煤炭产业的未来发展起到了引导作用，并形成了山西煤炭产业政策演进的动力因素，对山西煤炭产业政策的演进产生了促进作用，具体体现在以下8个方面。

首先，强化对资源的合理开采和综合利用，为山西煤炭产业实现规模化发展起到引导作用。在这一作用下，为山西煤炭产业组织政策向以促进规模化为目标、产业布局政策向以合理化为目标、产业技术政策向以提升资源利用率为目标的政策演进提供了拉动力。

其次，加强对生态环境的保护，对强化山西煤炭产业在发展过程中保障产业与生态环境的协调起到促进作用，为山西煤炭产业环保政策向以实现对生态环境的全面治理为目标的演进形成了拉动力；在生态环境保护拉动力的作用下，为产业技术政策以通过技术提升实现对生态环境的治理为方向的演进提供了动力。

第三，产业自身技术进步的强化，既是为实现产业的可持续发展能力的提升而进行的主动行为，也是可持续发展目标对产业技术政策的促进。因此，产业自身技术进步的强化，一方面促使山西煤炭产业技术政策加快了演进的速度，另一方面为山西煤炭产业实现粗放型发展方式的转变创造了条件，为山西煤炭产业组织政策、安全政策和环保政策的演进创造了条件，并起到促进作用。

第四，改变对地方政府的考核方式，实现了对地方政府发展观的约束。对地方政府考核方式的改变，使地方政府更加注重在经济增长方式上的转变和对生态环境的保护，为山西煤炭产业组织政策、结构政策以及环保政策的演进起到了促进作用，形成了演进动力。同时，在考核方式改变的作用下，对山西省整个产业结构调整产生影响，进而对山西煤炭产业政策实现以引导煤炭产业向非煤产业发展为政策目标的演进产生了拉动力。

第五，构建安全社会和以人为本理念的形成，不仅是对人的生命的重视，更是安全发展的核心，也是社会价值观的体现。这一理念是对山西煤炭产业旧的发展方式的抛弃，也是对煤炭产业发展提出的新要求。为保证产业发展方式为社会所接受，构建全方位安全管理体系以实现山西煤炭产业安全发展能力的提高，是山西煤炭产业对新的价值体系的最好回应和必然回应。因此，这一理念的形成，为山西煤炭产业安全政策以构建全面、系统的安全管理政策体系为目标的演进提供了动力。

第六，安全监察组织体系的完善从监管的角度对山西煤炭产业发展产生了约束。以安全监察组织体系完善为基础，保证了对煤炭企业安全监管的有效实施，对山西煤炭产业安全政策向以强化政府对煤炭企业的监督管理为目标的演进产生了促进作用。

第七，新闻报道的开放对山西煤炭产业安全形势透明度的提升产生了促进作用，从侧面对山西煤炭产业实现安全生产产生了压力，为山西煤炭产业安全政策的演进提供了动力。

第八，安全考核和安全事故惩罚力度的加大，保证了地方政府对煤炭产业安全发展重视程度的提高。煤炭产业政策主体对政策重视程度的提高，直接影响政策的演进速度和力度，因此，安全考核和安全事故惩罚力度的加大为山西煤炭产业安全政策的演进提供的是政府官员的强有力的支撑和驱动，并保证了政策目标的有效性。

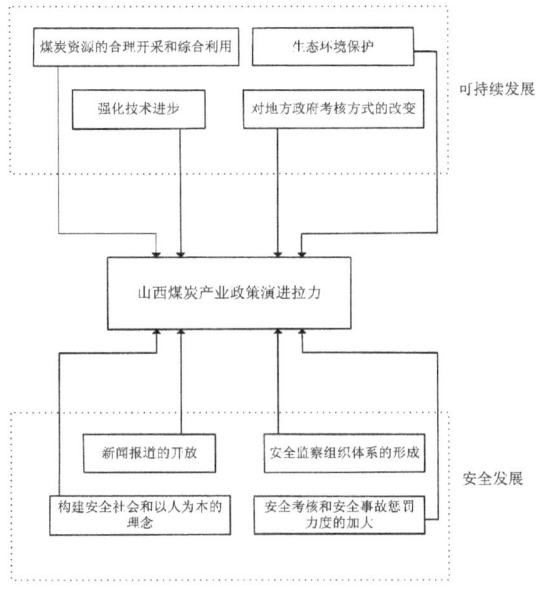

图5-2 山西煤炭产业政策演进拉动力构成

5.1.3 政策演进动力

在外部影响因素作用下，山西煤炭产业政策形成了以可持续发展和安全发展为主线的演进方向和目标。来自原有政策势差造成的产业发展势差所形成的推动力以及来自经济社会发展和价值体系变化带来的拉动力，构成了山西煤炭产业政策演进的动力。

综合来自原有政策势差造成的产业发展势差所形成的推动力以及来自经济社会发展和价值体系变化带来的拉动力，可以看出，在产业规模化程度不足、生态环境破坏严重和安全事故频发以及在对煤炭资源的合理开采和综合利用、对生态环境的保护、强化技术进步、改变对地方政府的考核方式、构建安全社会和以人为本理念的形成、安全监察组织体系的完善、新闻报道的开放、安全考核和安全事故惩罚力度的加大11个方面形成了山西煤炭产业政策演进的动力因素（图5-3），这些因素对山西煤炭产业政策体系产生了不同方向的影响作用，构成了政策演进的动力机制。

演进目标的形成和演进动力的出现为山西煤炭产业政策演进的成功实施创造了条件。

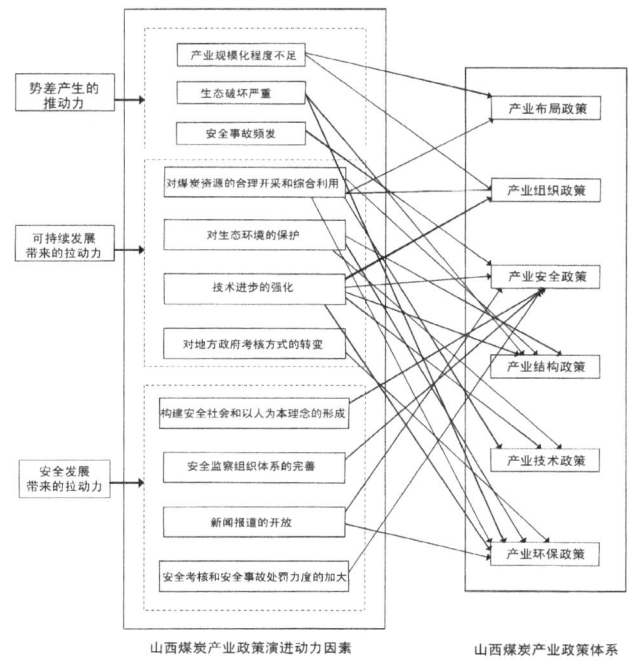

图5-3 山西煤炭产业政策演进动力因素构成及作用

5.2 政策演进路径

山西煤炭产业政策在国家煤炭产业政策体系框架约束下，保证了对国家煤炭产业政策的贯彻执行，同时，作为我国煤炭资源大省，山西煤炭产业政策在一定程度上既是国家煤炭产业政策的试点，也是对国家煤炭产业政策的有效补充和延伸。在演进动力的驱动下，山西煤炭产业政策开始从以产量增长保障经济建设需要为主要目标，向以实现煤炭产业可持续发展和安全发展为主要目标演进。与此同时，这一政策演进过程的完成，对山西煤炭产业可持续发展和安全发展目标的实现又会起到强化作用，二者相辅相成，最终实现了煤炭产业效率的提高和对经济机会的重新配置。

对山西煤炭产业政策演进路径进行分析，既可以帮助我们更加清晰地理解山西煤炭产业政策的演进历程，同时，也可以为对山西煤炭产业政策演进效果进行评价提供直接依据。

5.2.1 以促进产业可持续发展为目标的产业政策演进

2005年之前，尽管煤炭产业发展混乱无序的情形已经非常突出，但由于国家出台的关于煤炭产业发展的政策存在偏重短期效应、局部性强等特点，加之山西省政府在GDP政绩目标的刺激下，更加关心如何通过煤炭产业的快速发展带动经济的快速增长，同样不会以产业长期规划为主。这些造成了在当时制度环境下的相对合理的煤炭产业政策和产业发展模式。

2005年以后，随着我国经济建设重点的转移，可持续发展成为我国经济建设与发展的主要思路和指导思想，单纯以GDP增长为目标的经济增长方式被国家和社会所遗弃，能源战略的逐步推进和经济增长方式的转变要求煤炭产业的发展方式必须得到改善。因此，不断提高煤炭产业可持续发展能力以提高我国能源安全度和实现经济的可持续发展成为党中央、国务院逐渐重视的问题。为此，从国家层面连续出台了一系列推进煤炭产业可持续发展的相关产业政策，其中典型的代表性政策是2005年国务院出台的《国务院关于促进煤炭工业健康发展的若干意见》（国发〔2005〕18号）（以下简称《意见》）。《意见》明确指出：要坚持依靠科技进步，走资源利用率高、安全有保障、经济效益好、环境污染少和可持续的煤炭工业发展道路。同时，《意见》在第二十一条指出要重点治理煤炭生产造成的沉降、地下水污染等问题，建立矿区生态环境污染补偿机制。这一政策的出台，标志着在国家层面上的以煤炭产业可持续发展为目标的产业政策演进的开始。

为贯彻落实中央政府关于煤炭产业可持续发展的相关政策，山西省在国家煤炭产业政策体系指导下，不断出台涉及山西省煤炭产业可持续发展的政策。这些政策一方面包括对国家政策的实施细则，另一方面主要是针对山西煤炭产业发展过程中的问题，结合可持续发展要求所制定的政策举措。

这一时期，山西省以煤炭产业可持续发展为方向的产业政策主要体现在两个方面：一是通过制定推进集团化发展，提升产业整体竞争力并实现对资源合理开发的产业组织政策，以提高煤炭企业规模实现煤炭产业的规模化和集约化发展；二是通过制定产业发展和环保政策，强化对生态环境的保护和资源的循环综合利用，建立生态补偿机制，提高对生态环境的补偿投入，实现人与自然的和谐发展。

（1）政策上更加注重促进产业规模化发展

通过产业规模化发展实现对煤炭资源的合理开发以提升产业竞争力，是实现山西煤炭产业可持续发展的措施之一。山西省从2005年开始，以促进山西煤炭产业规模化为目标，不断出台相关的产业政策，在这些政策的强制性作用下，山西煤炭产业实现了规模化的大幅度提升。从政策的演进过程可以看出，其主要包括以下2个阶段。

首先，在初期阶段，政策上主要以宏观管理为主，缺乏具体实施细则，致使在政策过程中政策效果不理想，甚至出现政策中断。

这一阶段政策以2005年6月山西省政府颁布的《关于推进煤炭企业资源整合和有偿使用的意见（试行）》、2005年8月由山西省国土资源厅、煤炭工业局、煤矿安全监察局联合制定并颁布的《山西省煤炭企业资源整合和有偿使用实施方案》的草案以及山西煤炭产业重组三年计划（2005—2007）为主要代表性政策。

意见和草案从落实科学发展观，建设新型能源和工业基地目标出发，为合理利用和保护资源，促进煤炭工业持续、健康、稳定发展，对资源整合和有偿使用做出规定。这三个代表性政策为促进煤炭产业重组工作的开展奠定了基础，但受到经济增长的压力和政策执行性不强的影响，在政策过程中出现了政策的中断，没有实现实际意义上的产业规模化，小煤矿仍然大量存在。

其次，在国家和社会的压力下，以大集团控股经营为主的实质性兼并重组政策得到实施，并形成了规模化发展模式。

这方面政策主要以2008年山西省政府按照国务院《关于促进煤炭工业健康发展的若干意见》文件的指示，出台的《关于加快推进煤矿企业兼并重组的实施意见》、2009年山西省政府颁发的《关于进一步加快推进煤矿企业兼并重组整合有关问题的通知》以及2009年山西省政府出台的《山西省煤炭产业调整和振兴规划》为代表性政策。

这些政策的陆续出台,对兼并重组工作的具体实施提供了可行的政策指导。在政策上提出了山西煤炭产业兼并重组的具体目标和要求,对煤矿企业兼并重组整合的数量、责任、主体、方案编制、完成时间等各方面的内容进行了全面明确,保证了以兼并重组为手段的产业规模化的实现。

(2) 政策上更加强调对资源综合利用和生态环境保护能力的提升

煤炭产业可持续发展的关键是实现人与自然的和谐发展,是在煤炭开采过程中对资源的综合利用和对生态环境的保护。山西煤炭产业的发展对资源和生态环境造成了严重的破坏,为此,山西省从2006年开始,针对煤炭开采和资源利用、环境保护方面的产业政策不断出台,为山西煤炭产业资源综合利用和生态环境保护能力的提高起到了促进作用。从这些政策的内容来看,主要体现在以下3个方面。

首先,从宏观上注重对产业发展的引导作用,通过政策引导,促进产业实现发展方式和方向的转变。

在这一方面的政策以2006年6月山西省人民政府颁发的《关于加快发展循环经济的实施意见》和《山西省循环经济发展规划》(2006—2010)、2007年4月山西省政府颁发的《山西省煤炭工业可持续发展政策措施试点工作总体实施方案》、2008年山西省政府出台的《关于促进资源型城市可持续发展的实施意见》和《山西省煤炭企业转产、煤炭城市转型政策试点实施方案》、2009年山西省政府颁发的《山西省煤炭开采生态环境恢复治理规划》以及2012年5月山西省第十一届人民代表大会常务委员会第二十九次会议通过的《山西省循环经济促进条例》为主要代表性政策。

这些政策从山西未来经济建设主要目标、对煤炭资源的综合利用方式、煤炭产业发展循环经济的模式、煤炭产业在自身发展过程中对生态环境的保护、新型能源和工业基地战略的实施、产业结构调整和产业链的延伸以及发展非煤产业等方面提出了政策措施,为山西煤炭产业实现对煤炭资源综合利用和对生态环境的治理与保护起到了宏观上的引导作用并提供了政策指导，为山西煤炭产业实现在可持续发展战略约束下的发展指明了方向。

其次，在政策上对煤炭产业生态治理和发展基金做出明确规定，保障生态环境治理和转型发展基金的落实，以促进山西煤炭产业实现对生态环境的治理和煤矿企业的转型发展。

以保障基金落实为目标的政策以2007年3月山西省政府出台的《山西省煤炭可持续发展基金征收管理办法》、2007年10月山西省政府出台的《山西省煤炭可持续发展基金分成入库与使用管理办法（试行）》以及2007年山西省政府出台的《山西省煤矿转产发展资金提取使用管理办法（试行）》《山西省矿山环境恢复治理保证金提取使用管理办法（试行）》为主要代表性政策。

这些政策从加强和规范可持续发展基金征收工作、对煤炭产业可持续发展基金的使用和监督、煤矿转产和经济转型资金的提取和使用以及矿山生态恢复治理保证金的提取和使用管理等方面做出了明确规定。政策的出台，保障了山西省经济社会实现可持续发展以及生态环境治理资金的落实和资金的合理使用，为山西煤炭产业在产业自身发展的同时，实现对生态环境的治理起到了促进作用，同时，为煤矿企业的转型发展起到了保障作用。

第三，通过政策的调整，实现对生态环境恢复治理重视程度的提高，体现了生态恢复治理对山西煤炭产业实施可持续发展战略的重要性。这一方面的政策以2008年山西省政府颁发的《关于进一步推进我省煤炭产业可持续发展政策措施试点工作意见》为主要代表性政策。该意见与2007年试点工作实施方案最大的区别就是将生态环境恢复治理列为政策措施规定的第一位，由此进一步体现了生态环境恢复治理在煤炭产业可持续发展中的关键地位，对山西煤炭产业在产业发展过程中，实现对生态和环境的治理提出了更高的强制性要求。

从对上面的政策列举与分析可以看出，山西煤炭产业政策在演进动力的作用下，以实现产业的可持续发展为目标，实现了从强调以煤炭产量保经济增长为主向强调产业规模化发展、在产业发展的过程中实现对资源的综合利用以及生态环境的保护并举的政策演进，形成了以促进煤炭产业可持续发展为政策目标的政策演进过程（图5-4）。这一演进过程，既是山西煤炭产业在不同时期对可持续发展战略的重视程度和产业发展重点变化的体现，也是随着可持续发展战略的不断深入，对山西煤炭产业发展影响的体现。因此，政策的演进既是可持续发展这一产业发展目标的诉求，也是社会对煤炭产业未来发展的新的价值判断的客观需要。

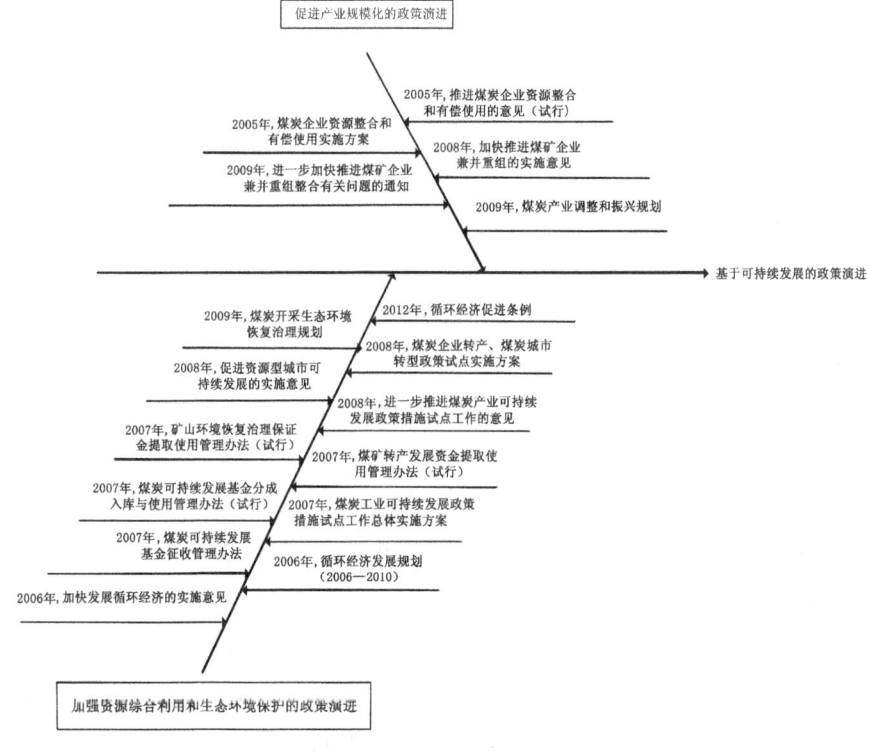

图5-4　在可持续发展方面山西煤炭产业政策演进过程

5.2.2　以促进产业安全发展为目标的政策演进

煤炭产业安全生产问题是煤炭产业发展过程中一直存在的共生问题。煤炭产业安全生产问题是一个系统性问题，虽然受到煤炭生产的自然属性影响，安全问题成为煤炭产业发展过程中不可避免的问题，但从我国煤炭产业安全生产问题的产生来看,与我国经济社会发展过程、政府考核方式与地方利益以及煤矿生产方式和人员素质等因素密切相关。煤矿安全事故的发生不仅带来大量的经济损失与人身伤害,造成恶劣的社会影响,同时,持续的安全事故还影响到政府的公信力。因此,煤矿生产安全与否不仅关系到煤矿工人的切身利益和家庭幸福,也关系到人民群众的生命财产安全,更关系到我国改革开放、经济发展和社会稳定的大局。

为响应实现煤炭产业安全发展这一政策目标,从2000年开始,我国从整顿关闭不具备安全生产条件的煤矿企业、遏制煤矿企业超能力生产、鼓励企业增加安全生产投入、强化安全培训工作以提高煤炭产业从业人员素质等方面制定并出台了不同的政策举措。这些政策的制定与实施,体现了国家层面对煤炭产业安全发展的重视。

山西作为我国煤炭资源和产量大省同时也是我国煤矿事故大省,因此,作为我国煤炭产业政策的缩影,山西煤炭产业政策举措在安全发展方面较国家层面的产业政策更加严格,尤其从2003年开始,其产业政策变迁速度更快、力度更大,实现了以促进产业安全发展为目标的政策的演进。

这一期间,山西煤炭产业以促进产业安全发展为目标的政策演进主要体现在四个方面:一是通过制定更加规范的安全监督检查政策,实现对煤矿安全监督检查的长效化和规范化,为提高煤矿对安全生产的重视程度提供外部政策约束;二是制定严格的规制性政策,对企业安全设备设施建设与投入进行规制,提升煤矿企业安全生产能力;三是通过制定系统性、全方位培训政策,实现长效培训机制的建设,提高煤炭产业职工素质;四是通过制定煤炭企业安全管理规范和管理标准,强化煤炭企业自身安全管理能力的提升,为安全发展奠定基础。

(1) 政策上更加注重政府部门对煤矿企业的安全监督管理

煤炭产业安全问题很大程度上是由于煤矿企业自身在生产过程中的非法作业造成的,但政府监管部门的监督失职或监督不力是造成煤矿企业非法生产的主要原因之一。因此,通过加强政府监督,提高煤矿企业对安全生产的重视程度是实现安全发展的政策措施。从2003年开始，山西省出台一系列涉及安全监督管理的政策，为实现加强对煤矿企业的安全监督管理并形成长效的安全监督管理机制起到了很好的促进作用，通过政策的调整，从3个方面实现了对安全监督管理的保障。

首先，在政策上注重对安全评价和社会监督的重视，以保证全方位监督管理的实施。

这方面的政策主要以2003年山西省煤矿安全监察局制定的《山西省煤矿安全评价机构监督管理暂行办法》和2009年山西省煤炭工业局制定的《煤矿隐患及事故举报奖励制度》为代表。政策的出台，一是实现了对煤矿安全生产评价机构建立和机构自身管理的约束，保证了煤矿安全生产评价的科学性和公正性，为进行安全监督管理提供了依据；二是政策的制定对安全生产监督工作从政府监督向政府与社会监督共同开展的转变起到了促进作用，保证了社会监督的规范化运行。

其次，政策上通过对各级政府管理部门进行约束，实现加强对政策主体的管理，保障安全生产监督管理政策的执行力度。

这一方面的政策主要体现在2004年山西省政府出台的《山西省安全生产监督管理办法》、2004年山西省政府出台的《山西省煤矿安全监督管理规定》、2009年山西省煤炭工业局制定的《山西省煤矿安全生产执法行动实施方案》以及2009年山西省煤炭工业局下发的《山西省煤炭工业局重点和专项督查制度》4个典型政策上。这些政策从保障安全生产监督工作的落实、保证煤矿安全执法行动的合法性和长效性、政府管理部门安全监督检查工作的规范性和重点等方面进行了明确规定，为政府监督部门监督检查长效机制建设和政策过程中的政策执行起到了保障和规范的作用。

第三，从企业配合安全监督检查的角度，在政策上对企业的安全条件和行为做出明确规定，以保证监督检查工作的强目标性和工作的顺利进行。涉及对企业行为进行约束的政策主要以2007年山西省煤矿安全监察局印发的《煤矿安全生产许可证实施细则（修订）》以及2010年山西省煤炭工业厅制定的《煤矿领导带班下井及安全监督检查规定实施细则》为代表性政策。

政策对煤矿应具备的安全条件、安全许可证的管理、安全监督检查过程中发现的煤矿违法事件的处罚以及在监督检查过程中煤矿企业应做出的配合行为等多方面做出明确规定，在政策上为监督检查工作目标的明确性和监督检查工作严肃性的提高起到了保障作用。

（2）政策上对煤炭企业安全设备设施建设与投入进行规制管理

煤炭产业安全生产事故的频发与煤炭产业生产技术落后、安全设备设施投入不足有很大的相关性。煤炭产业作为传统的劳动密集型产业，由于受到产业自身发展和社会环境的影响，造成煤炭产业安全装备和生产设备落后的局面。通过制定加强对煤矿企业安全生产设备设施投入的规制性政策，实现对安全生产事故的事前预防性控制，是煤炭产业实现安全发展的基本条件。

山西省作为我国的煤炭生产大省和事故大省，在针对安全生产设备设施配置的规制性政策方面处于我国的前列，成为我国煤炭产业现代化、科技化、信息化矿井建设的主导力量。为保障以科技提升安全生产能力的实现，山西省从2006年开始，陆续对煤矿安全设备设施建设提出政策性要求，主要体现在以下3个方面。

首先，政策上从对事故的控制和安全生产的角度强化安全生产设备设施的建设管理，保证安全生产能力的提升，实现对事故的预先控制。

这些政策主要包括：2006年7月山西省煤炭工业局下发的《关于规范煤矿入井人员考勤（定位）系统建设的通知》、2008年山西省煤炭工业局制定的《山西省煤矿"一通三防"管理规定》、2008年4月山西省人民政府制定的《山西省煤炭产量监控系统管理规定》、2009年山西省煤炭工业厅下发的《煤炭产量监控系统管理细则》。政策从煤矿安全生产管理的角度，对煤炭企业应具备的安全生产设备设施做出明确规定，保证了煤矿安全生产能力和事故前期预防能力的提升，同时，为政府安全监督实时性的实现提供了保障。

其次，由于煤炭产业自身特性的影响，安全事故的发生是不可能完全避免的。因此，山西省煤炭产业政策对与煤矿事故救援相关的设备设施建设提出明确要求，保障事故处理的及时性和事故损失的最小化。这方面政策以2010年山西省煤炭工业厅制定的《山西省煤炭企业调度室质量标准化标准及考核评级办法（试行）》以及2010年山西省煤炭工业厅下发的《山西省煤矿井下通信联络系统使用与管理规范》为代表性政策。政策的成功实施为煤矿事故救援工作的开展与落实提供了条件。

第三，通过在政策上对建设资金进行规范，为保障安全设备设施建设的落实创造了条件。这方面政策以2012年山西省煤炭厅制定的《煤炭企业安全生产费用提取使用管理相关规定》为代表性政策。规定的下发，从政策上保障了山西省煤炭企业安全设备投入资金的落实和企业安全投入长效机制的建立，保证了安全投入的进一步规范化和科学化。

(3) 政策上强调对人员培训工作的落实和长效培训机制的建设

人的因素是影响安全发展的主要影响因素，因此，通过制定强化煤炭产业从业人员培训的政策，构建长效培训机制以提升煤炭产业职工素质，是煤炭产业实现安全发展的基本条件。针对这一目标，山西煤炭产业政策在调整过程中实现了从单纯以强调提高从业人员素质为主向长效培训机制建设为目标的变迁。

首先，对煤矿企业从业人员的素质提升进行政策约束，对人员培训内容和方式进行明确规定，保证人员素质满足安全生产的需要。

这方面政策主要以2009年山西省煤炭工业厅制定的《山西省煤炭行业特有工种职业技能鉴定实施办法》、2010年山西省煤炭工业厅出台的《煤矿特种作业人员安全生产培训实施细则》《煤炭安全生产培训管理办法》以及2010年山西省煤炭工业厅颁发的《关于进一步加强煤矿企业安全生产工作的实施意见》为代表性政策。政策从对从业人员培训的内容、方式和技能开发等方面进行了明确规定，保证了对从业人员培训的规范化和全面化。

其次，从对人员培训和机制建设综合管理的角度进行政策性规定，实现了在政策作用下的培训机制和人员管理的全面化。

体现这方面要求的政策主要以2011年山西省煤炭工业厅印发的《推进煤矿从业人员"人本安全、培训教育、素质提升"工程工作方案》为代表。方案从煤炭企业从业人员准入、技能人员队伍建设、教育培训、用工方式、培训机制的建设等多方面对煤矿从业人员管理进行了系统化规定，体现了从政策上对煤炭产业培训工作和长效机制建设全面性的重视。

(4) 政策上强化煤炭企业自身安全管理能力的提升

从我国煤炭产业的安全事故的成因来看，责任性事故是事故的主要类型，责任性事故预防的主要措施就是强化管理①。因此，安全发展目标的实现，不仅依赖于外部的监督和先进的设备，更主要的是通过强化企业自身的安全意识，加强企业安全管理，提升企业自身的安全管理能力。

山西省针对强化煤矿安全管理方面的政策调整过程是从政策上以强调安全管理的单一目标为主向以综合性管理为目标的改变。

首先，在政策阶段初期，为保证煤炭企业自身管理能力的提升，针对煤炭企业安全事故的发生原因和解决办法，山西省从不同角度制定了以生产、建设和事故救援为目标的产业政策，保证了煤炭企业自身安全管理能力的提升。

这些政策主要以2007年山西省制定的《山西省安全生产条例》、2009年山西省煤炭工业厅制定的《煤矿建设安全规定》、2010年山西省煤炭厅下发的《关于进一步加强煤矿企业安全生产工作的实施意见》以及2011年山西省政府批准实施的《山西省煤矿事故灾难应急预案》为代表性政策。

这些政策在不同时间，从安全生产、煤矿建设以及事故救援等不同角度分别对煤炭企业自身安全管理做出明确规定，保证了煤炭企业安全管理能力的提升，但由于基本以单一目标为政策的重点，造成政策过程中政策内容的局部重复和政策手段的冲突。

其次，以相对单一目标政策为基础，系统化、全面性政策的出台，对山西煤炭企业自身安全管理能力的全面提高产生促进作用，实现了政策的长期化、规范化和系统化，在政策上更加强调以系统性和全面性规范煤炭企业自身管理为主。

典型代表性政策是2012年山西省煤炭工业厅制定的《山西省煤矿

---

① 郭朝先.中国煤矿企业安全发展研究[M].北京：经济管理出版社，2008.

"五大标准"》。"五大标准"从煤矿建设、煤矿管理、煤炭产业进入要求、施工管理、现代化矿井五个方面实现了对山西煤炭企业自身全面安全管理的政策性约束,标志着山西煤炭产业政策开始从周期性、局部性向综合性、系统性方向迈进。

从上面的政策列举和分析可以看出,山西煤炭产业政策在以促进产业实现安全发展为目标的演进过程中,实现了从强调短期利益、单纯以生产为主向强调长效机制构建、全方位管理为主的转变,实现了以促进产业安全发展为目标的产业政策演进(图5-5),体现了政策上对科学发展和安全发展观的回应。

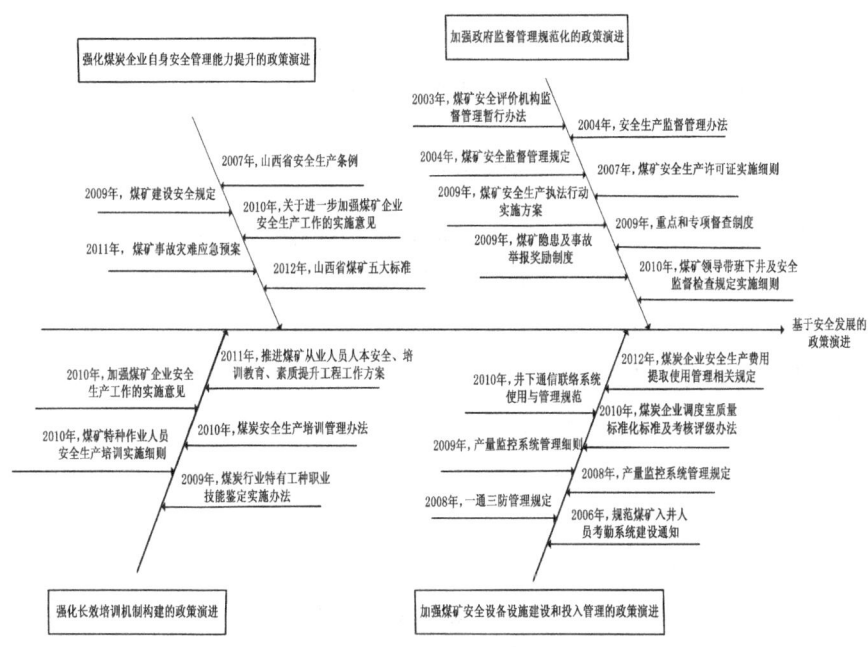

图5-5 在安全发展方面山西煤炭产业政策演进过程

5.2.3 以高质量发展为目标的产业政策

2013年召开的"十八届三中全会"、2017年召开的"中国共产党第十九次全国代表大会",以及2018年召开的"十九届三中全会"和2019

年召开的"十九届四中全会",为山西煤炭产业政策的优化和演进提出了新的目标任务。紧紧围绕使市场在资源配置中起决定性作用深化经济体制改革,加快转变经济发展方式,推进供给侧结构性改革,推动经济更有效率、更加公平、更可持续发展等要求的不断提出和明确,为山西煤炭产业发展明确了新的方向。与此同时,伴随着煤炭市场的低迷和国家资源型经济转型综合配套改革试验区建设的不断深入,推进科技创新,实现产业转型、生态修复、城乡统筹和民生改善,探索建立促进资源型经济转型的体制机制,成为山西省经济社会发展的新走向和新目标。自此,山西煤炭产业进入了一个机遇与风险并存的矛盾期。深化改革、创新发展,推动煤炭产业实现内涵式、高质量发展,推动高质量能源供给体系建设,成为新时代背景下的山西煤炭产业发展的首要任务,也是高质量发展阶段山西煤炭产业政策的主要目标和特点。

(1) 高质量发展阶段产业政策的演进动力

新时代我国经济发展的基本特征是由高速增长阶段转向高质量发展阶段。推动经济的高质量发展,是我国保持经济健康发展的必然要求,也是我国发展全局得以保障的根本。山西作为典型的资源型省份,如何转变经济发展方式,实现转型发展和高质量发展,实现从传统粗放型经济发展方式向高质量发展方式的转变,既是对国家层面的宏观政策约束的回应,也是其自身实现可持续发展的必然选择,并成了该阶段山西煤炭产业政策演变的动力之一。

以深化能源革命,实现煤炭清洁高效利用;注重煤炭产业治理能力提升工程建设,推动煤炭产业实现"减""优""绿"发展和高质量科学发展为政策目标,山西省积极推动煤炭产业转型发展。同时,伴随着国家资源型经济转型综合配套改革试验区全面推进以及山西省"不断塑造美好形象,逐步实现振兴崛起"和"一个指引、两手硬"等战略举措的实施,该阶段的产业政策效应逐步显现。而该阶段的煤炭产业供给侧结构性改革、化解煤炭过剩产能等战略举措,又为推进山西煤炭产业脱困发展和转型升级,打造国家综合能源基地提供了强大动力。也构成了山西煤炭产业政策的演进动力。

(2) 高质量发展阶段的政策特点及其构成

①积极应对煤炭市场下行压力

针对煤炭市场低迷的特点，推动市场在资源配置中的核心作用的发挥，实施减费立税政策措施，制定并出台了"煤炭20条""17条"和"减轻企业负担、促进工业稳定运行60条"等一系列重大政策措施；加强煤炭企业与电力等用户的长期战略合作，推动落实"三省两公司"协调机制，初步建立了山西省省内炼焦煤和无烟煤稳定运行协商机制。

②进一步夯实安全生产基础

为确保安全生产长效性，山西省针对煤炭产业实施政府、企业双主体责任，强化"五人小组"日常监管，完善煤矿应急救援体系；制定并出台了瓦斯防治八项规定，全面实施煤矿瓦斯抽采全覆盖工程；出台防治水"十条规定"，严格监管重组整合矿井。与此同时，通过实施煤矿安全重点县攻坚战，全力推进安全质量标准化矿井建设，全面开展"四不两直"专项突查，促进了煤矿安全生产的长效稳定。

③强化煤炭生产技术管理

在前期成功实施煤炭资源重组的基础上，积极推动煤炭产业实施创新战略；全面落实生产能力公告和生产要素管理制度，建立生产要素动态核查机制，进一步强化了生产能力核定工作；严格煤矿开采技术管理，实施生产煤矿图纸定期交换审查制度；出台了加强煤层配采管理、特殊条件下开采的技术管理办法；制定实施了办矿企业、建设施工、煤矿管理、煤矿建设、现代化矿井、安全质量、技术装备、信息化等标准体系，推动全行业走上标准化管理道路。

④积极推进循环多元发展

通过构建山西省煤炭工业转型综改试验高端框架，编制出台了《转型综改试验区煤炭工业实施方案（2012—2015）》和每年度的《转型综改试验煤炭工业发展专项行动方案》，建立了全行业转型标杆项目储备库；深入推进煤炭循环经济园区和循环产业链条建设，积极推进煤制油、煤制烯烃、煤制天然气等转型重大项目，加快实施煤焦化、煤气化、煤液化产业链发展项目；通过"煤控电、煤参电、电参煤、组建新公司"等新模式,推动煤电联营和煤电一体化进程。非煤经济已经成为煤炭经济的重要组成部分,以循环经济发展模式为特征的煤炭转型发展步入快车道。

⑤全面深化煤炭管理体制改革

山西省煤炭产业在贯彻落实山西省委、省政府深化煤炭管理体制改革的战略部署,全力推进各项改革任务的基础上,制定出台了《山西省煤炭焦炭公路销售体制改革方案》《关于深化煤炭管理体制改革的意见》和《山西省煤炭行政审批制度改革方案》,为全省煤炭管理体制改革进行了顶层设计、战略部署,为煤炭行业健康发展奠定了基础。

成功实施煤炭资源税从价计征制度;优化管理体制,取消煤焦公路销售21项行政授权、9种运销票据和1487个站点;出台煤炭行政审批制度改革方案,煤矿建设项目行政审批事项从63项精简合并为38项,开办煤矿企业由"六证"简化为"三证";出台煤炭资源矿业权出让转让办法。

5.2.4 山西煤炭产业政策演进路径

山西煤炭产业政策以国家煤炭产业政策为基础,实现了从重点强调产量的增长向实现可持续发展和安全发展比肩共进的转变,实现了从强调宏观管理向宏观和微观并举、政策体系全覆盖的转变,实现了从以行政为主向以经济、行政和法律相结合的转变。

通过对山西煤炭产业政策在可持续发展和安全发展两个方面的演进过程进行分析,可以发现,山西煤炭产业政策在政策演进动力的作用下,实现了以促进产业规模化、注重资源综合利用和生态环境保护、构建政府部门对煤矿企业的规范化安全监督管理机制、加强对企业安全生产设备设施建设与投入管理、强化长效培训机制的建设、强化煤矿企业自身安全管理能力提升6个方面为路径方向的演进(图5-6),并形成了完整的山西煤炭产业政策体系。

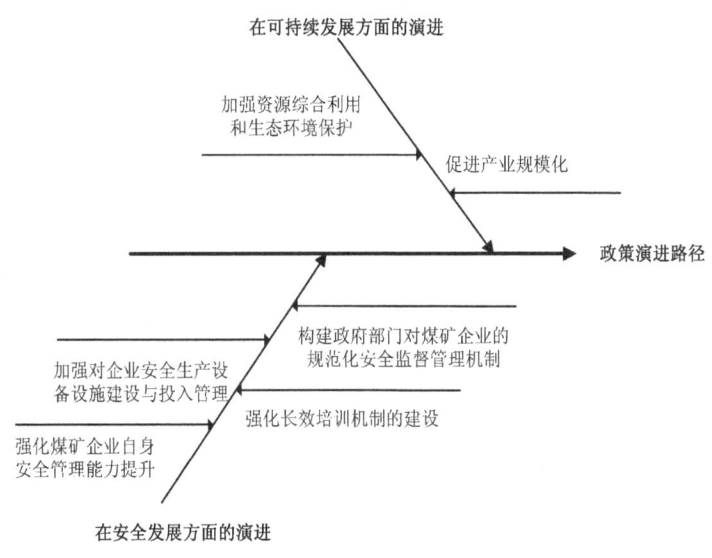

图5-6 山西煤炭产业政策演进路径

山西煤炭产业政策演进的路径和方向，体现的是社会对科学发展观的落实和对可持续发展理念的接受，体现的是对高质量发展理念的认可和对新时代我国社会矛盾的正确认识。在演进过程中，通过政策的不断调整，实现了从单纯以经济效率为目标向综合性效率目标的转变以及对人的生命价值和生态与自然的重要性的重新认识，实现了对煤炭产业自身、自然资源、生态环境、从业人员的选择集的重新界定，实现了在社会经济效率得到提高的同时，对经济机会的重新配置。新时代背景下，山西煤炭产业政策以推动产业高质量发展为目标，在宏观经济社会环境的推动和约束下，实现了与山西资源型省份转型发展路径的融合。

5.3 本章小结

本章以美国学者布罗姆利的能动主义制度变迁理论为理论基础，对山西煤炭产业政策演进动力和路径进行了研究。研究发现，首先，山西煤炭政策演进的动力因素既包括来自原有政策势差造成的产业势差所形成的推动力，也包括宏观环境的变化带来的拉动力，二者一起构成了产生政策演进的动力机制。其次，在动力的作用下，山西煤炭产业政策以促进产业可持续发展和安全发展为目标，实现了以促进产业规模化、注重资源综合利用和生态环境保护、构建政府部门对煤矿企业的规范化安全监督管理机制、加强对企业安全生产设备设施建设与投入管理、强化长效培训机制的建设、强化煤矿企业自身安全管理能力提升6个路径方向上的演进，形成了系统化、规范化的山西煤炭产业政策体系。最后，新时代背景下，在宏观环境的约束下，山西煤炭产业政策实现了以推动煤炭产业高质量发展为目标的深层次的变革，并初步形成了与山西省资源型区域转型发展的融合态势。

第6章 微观视域下的山西煤炭产业政策演进效果

山西煤炭产业政策在宏观经济社会环境和煤炭产业自身发展的影响下,实现了基于不同目标和方向的演进。从具体的微观层面,以产业发展过程中的典型性事件为依托,基于相对静态的视角,对其代表性政策体系的构成和内容进行研究,探寻政策过程中的成效和不足,为未来政策体系演进的不断优化提出建议,是深入研究山西煤炭产业政策体系演变过程中的典型性问题的一种可行路径。

安全生产是山西煤炭产业发展过程中的主要目标之一,针对安全生产管理出台的安全生产类规制性政策成了山西煤炭产业政策的主要构成,也是山西煤炭产业政策演进过程中的主要政策类型。煤炭资源重组和整合作为山西煤炭产业发展过程中的重大事件,也是山西煤炭产业从粗放式发展向集约化发展的关键所在。因此,本章以快速发展和转型发展阶段的安全规制政策以及煤炭资源重组和整合过程中的主要政策的内容变化为抓手,以定量分析法、比较分析法和内容分析法为研究方法,对其政策成效和不足进行研究。

6.1 安全规制政策效果评价

安全生产作为煤炭产业发展的基础,不仅是构建和谐社会的内在命题,也是山西煤炭产业实现可持续发展的基本要求。山西煤炭安全生产类产业政策主要是关于安全生产的煤炭产业规制性政策,涉及煤炭行业的安全投入政策、煤炭产量与安全生产的约束政策、煤炭行业安全培训政策和煤炭产业安全生产监督管理政策等内容，在这一系列政策的约束下，山西煤炭产业基本上实现了从关注煤炭产量向安全发展的转变。

与此同时，山西煤炭产业政策中的安全生产类规制政策的主要变化体现在快速发展与转型发展阶段。该阶段，山西省基于安全生产考量，率先出台了大量的安全规制政策。因此，选择快速发展与转型发展阶段为安全规制政策演进效应的实证研究阶段。

6.1.1 安全规制政策效果评价模型

通过构建安全规制政策评价模型，对煤炭产业安全生产影响因素进行定量化分析，以实现对山西煤炭产业安全规制政策的准确评价，是研究山西煤炭产业政策的关键所在。从影响煤炭产业安全问题的成因来看，国家经济增长对能源的需求、安全生产意识、安全设备投入及煤炭行业从业人员素质是煤矿安全生产问题发生的主要原因。因此，在模型中将煤炭产量、煤炭行业工资水平、煤炭行业的固定资产投资作为影响煤炭产业安全生产的核心因素。用百万吨煤炭产量死亡率表示最终的安全生产结果，煤炭产量、煤炭行业工资水平、煤炭行业的固定资产投资表示影响因素，建立安全规制VAR模型，分析各因素对百万吨煤炭产量死亡率的影响程度，通过对分析结果与同时期的山西煤炭产业政策中的安全生产政策的演进路径进行比较，不仅有助于发现现有政策的问题，更有利于对未来政策的制定和演进方向提供指导建议。

为保证模型中的数据的可靠性，对模型中数据的来源进行严格控制。研究中的数据来源如下：煤炭行业平均工资来源于历年中国统计年鉴，煤炭产量、煤炭行业固定资产投资额与百万吨煤炭死亡率数据来源于煤炭行业六十年数据汇编（中国煤炭工业出版社，2010年4月）。同时，基于对改革开放以来煤炭安全生产形势变化考虑，数据期确定为1980—2008年，时间跨度为29年，均为年度数据（表6-1）。研究中，为统一量纲，对上述所有数据均进行了处理，采用增长率表示，其中：DELDL、QDL、SALDL、FADL分别表示百万吨煤炭产量死亡率增长率、煤炭产量增长率、煤炭行业工资水平增长率、煤炭行业的固定资产投资额增长率。

表6-1 煤炭安全规制评价模型数据表

年份	SALDL	QDL	FADL	DELDL
1980	0.151422	−0.024545	0.064425	−0.044292
1981	0.027715	0.002415	−0.365920	0
1982	0.028075	0.069424	0.273748	−0.124999
1983	0.025151	0.069854	0.303517	0.052679
1984	0.181241	0.099432	0.345529	−0.051293
1985	0.176297	0.100052	0.011215	0.055232
1986	0.179295	0.024640	0.045262	0.002617
1987	0.095080	0.037378	0.028273	−0.037287
1988	0.149053	0.054291	0.025198	−0.083440
1989	0.162172	0.073070	0.074748	−0.016357
1990	0.133636	0.023577	0.269001	−0.079543
1991	0.079193	0.004603	0.198098	−0.167496
1992	0.086869	0.027534	0.115769	−0.113712
1993	0.145342	0.032501	0.114036	0.027573
1994	0.231783	0.065679	−0.03410	0.074556
1995	0.207332	0.049698	0.170202	−0.023576
1996	0.118612	0.061453	0.080131	−0.074260
1997	0.052734	−0.036183	0.20928	0.088081
1998	0.058133	−0.072548	−0.364410	−0.015810
1999	0.037801	−0.166347	−0.450138	0.054276
2000	0.103364	−0.043535	−0.219834	0.074512
2001	0.139240	0.101209	−0.244540	−0.126799
2002	0.139135	0.246969	0.587486	−0.018054
2003	0.162706	0.199540	1.360864	−0.286333

续　表

年份	SALDL	QDL	FADL	DELDL
2004	0.244603	0.144931	0.458711	−0.186102
2005	0.245820	0.074260	0.521401	−0.091745
2006	0.178728	0.080550	0.240719	−0.320234
2007	0.158104	0.078983	0.198702	−0.314173
2008	0.197933	0.085465	0.284796	−0.233261

由于非稳定的VAR模型不可以做脉冲响应函数分析，其得出的结果是无效的，因此，应进行VAR模型平稳性检验。为建立VAR模型并增强模型的有效性，本研究首先采用AR根图形进行检验，检验结果如图6-1所示。

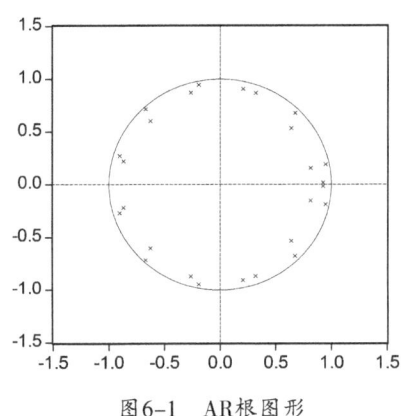

图6-1　AR根图形

从图6-1可以看出，所估计的VAR模型的所有根的模的倒数都小于1，都在单位圆内，所以判定该VAR模型是稳定的，可以构建脉冲响应函数。

采用ADF法对各数据进行单整检验，以观察数据是否平稳，若数据系列非平稳，经采用滞后阶数的检验平稳且各数据系列均有同等阶数，再进行Johansen协整。然后，在此基础上建立VAR模型，求出脉冲响应函数，进行方差分解。

(1) 数据平稳性检验

数据的平稳性是检验多数据能否进行协整检验,并具有因果关系的前提。利用单位根在5%的显著水平下对模型变量进行检验,结果如表6-2所示:所有变量均为非平稳数列,一阶差分后均为平稳序列。

表6-2 ADF检验结果

序列	检验方程类型	ADF	T	检验结果	检验方程类型	ADF	T	检验结果
DELDL	$(n,0)$	-2.811039	-2.971853	非平稳	$(n,1)$	-5.828730	-2.901838	一阶平稳
QDL	$(n,0)$	-2.192411	-2.991878	非平稳	$(n,1)$	-5.291608	-2.986225	一阶平稳
SALDL	$(n,0)$	-2.474326	-2.976263	非平稳	$(n,1)$	-4.137908	-2.981028	一阶平稳
FADL	$(n,0)$	-2.812607	-2.971853	非平稳	$(n,1)$	-6.025619	-2.976263	一阶平稳

(2) 协整检验

根据Johansen检验结果,无论是采用Trace还是采用Max-Eigen,我们都可以在5%的显著性水平上拒绝不存在协整关系的假设,有且只有一个协整关系。检验结果见表6-3。

表6-3 Johansen检验结果

零假设	特征值	Trace	临界值	Max-Eigen	临界值
无协整关系	0.684138	76.93613	47.85613	31.11613	27.58434
至多1个协整关系	0.612807	45.82000	29.79707	25.61848	26.13162
至多2个协整关系	0.523265	20.20152	15.49471	20.00145	14.26460
至多3个协整关系	0.007383	0.200073	3.841466	0.200073	3.841466

(3) VAR模型建立与估计结果

通过利用Eviews软件对四个相关变量建立VAR模型。其中,以百万吨死亡率为自变量，以煤炭产量、煤炭行业平均工资、煤炭行业固定资产投资为因变量。经过反复试算后，确定停滞后的阶数为2，模型估计结果如表6-4所示。

表6-4 VAR模型估计结果

	DEL	Q	SAL	FA
DEL(-1)	0.080780	-0.101503	0.067565	-0.156206
	(0.20655)	(0.12453)	(0.09773)	(0.40707)
	[0.39110]	[-0.81509]	[0.69136]	[-0.38374]
DEL(-2)	0.342339	-0.084371	-0.208383	-0.812585
	(0.20933)	(0.12621)	(0.09904)	(0.41255)
	[1.63542]	[-0.66852]	[-2.10395]	[-1.96968]
Q(-1)	-0.179979	0.861910	0.114169	4.476421
	(0.36187)	(0.21817)	(0.17122)	(0.71317)
	[-0.49736]	[3.95059]	[0.66681]	[6.27678]
Q(-2)	1.132276	-0.530820	-0.248316	0.377581
	(0.65625)	(0.39566)	(0.31051)	(1.29335)
	[1.72536]	[-1.34160]	[-0.79971]	[0.29194]
SAL(-1)	-0.043543	0.278095	0.691926	-1.004668
	(0.39049)	(0.23543)	(0.18476)	(0.76958)
	[-0.11151]	[1.18122]	[3.74498]	[-1.30547]
SAL(-2)	-1.157817	-0.123293	-0.357420	0.409908
	(0.39261)	(0.23671)	(0.18576)	(0.77376)
	[-2.94904]	[-0.52087]	[-1.92406]	[0.52976]
FA(-1)	-0.247445	0.032219	0.058338	-0.240850
	(0.11723)	(0.07068)	(0.05547)	(0.23104)
	[-2.11072]	[0.45584]	[1.05173]	[-1.04244]
FA(-2)	0.016717	-0.055810	0.032061	-0.309200

续 表

	DEL	Q	SAL	FA
	（0.09086）	（0.05478）	（0.04299）	（0.17907）
	[0.18398]	[-1.01880]	[0.74577]	[-1.72671]
C	0.097832	0.007747	0.079801	0.023943
	（0.04812）	（0.02901）	（0.02277）	（0.02277）
	[2.03322]	[0.26703]	[3.50517]	[0.25249]
R-squared	0.909807	0.683728	0.699180	0.816285
Adj.R-squared	0.436387	0.543162	0.565482	0.734634
Sum sq.resids	0.143340	0.052104	0.032090	0.556749
S.E.equation	0.089238	0.053802	0.042223	0.175871
F-statistic	3.516371	4.864122	5.229558	9.997238
Log likelihood	32.40665	46.06832	52.61180	14.08860
Akaike AIC	-1.733826	-2.745801	-3.230503	-0.376933
Schwarz SC	-1.301880	-2.313856	-2.313856	0.055012
Mean dependent	-0.071665	0.055055	0.137683	0.170506
S.D.dependent	0.118866	0.079601	0.064054	0.341406
Determinant resid covariance (dof adj.)Determinant resid covariance	6.74E-10			
	1.33E-10			
Log likelihood	153.7463			
Akaike information criterion	-8.721949			
Schwarz criterion	-6.994167			

从以上估计结果来看，模型的模拟合优度达到0.909807，表明模型的可信度非常高，说明模型的构建是合理的。

（4）脉冲响应函数

根据拟合结果构造的脉冲响应函数如图6-2至图6-4所示。从脉冲响应函数来看，百万吨煤炭产量死亡率对其自身的影响是逐渐下降的；百万吨煤炭产量死亡率对原煤产量的一个标准冲击的响应呈现出1—2期迅速下降，2—4期处于稳态，4—5期回升，6—10期小幅度波动的态势；百万吨煤炭产量死亡率对煤炭行业平均工资的一个标准冲击响应呈现1—2期上升，2—3期迅速下降，3—6期回升，6—10期间处于小幅波动的趋势；百万吨煤炭产量死亡率对煤炭行业固定资产投资的一个标准冲击呈现1—2期迅速下降，2—3期上升，3—5期有所下降，6期回升，6—10期到达平稳状态的趋势。

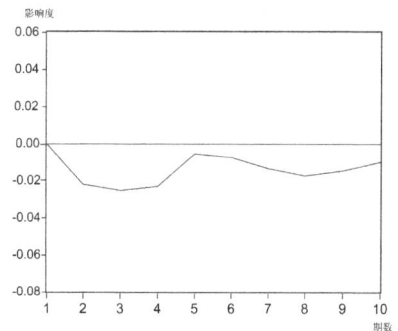
图6-2 百万吨死亡率对煤炭产量一个
标准冲击的脉冲响应函数

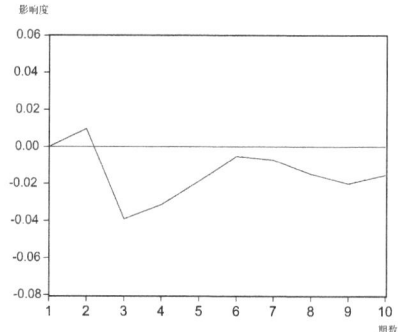
图6-3 百万吨死亡率对煤炭行业平均
工资一个标准冲击的脉冲响应函数

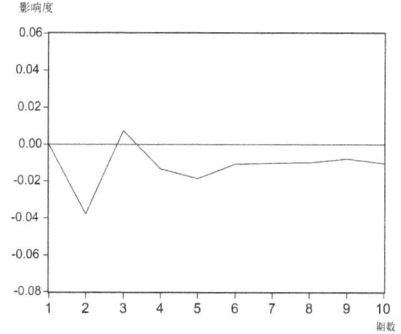
图6-4 百万吨死亡率对煤炭行业固定资产投资一个标准冲击的脉冲响应函数

通过对以上脉冲响应函数的分析，可以说明：

首先，煤炭产量的增加在短期内可以带来煤炭百万吨死亡率的下降，其原因可能是产量的增长带来了基数的加大。但不容忽视的是，随着时间的推移，如果不能从安全管理上加强，则在后期会出现上升趋势。因此，在核定煤矿产能的控制范围内，煤炭产量对煤炭安全生产的影响不仅取决于其自身,更取决于煤矿自身的安全管理水平和能力建设。

其次,煤炭行业固定资产投资的增加,尤其是安全生产设备的增加,在短期内可以带来煤炭行业百万吨死亡率的快速下降,但是随着时间的推移,百万吨死亡率呈现回升趋势。这一结论说明仅仅依靠安全设备等硬件方面的投入无法完全解决煤炭安全生产问题。

再次,煤炭行业平均工资的增长,在短期内造成了死亡率的上升。这一结果说明,现阶段,仅仅依靠煤矿企业和工人之间的简单的工资激励难以从根本上解决煤矿企业的安全生产问题。

最后,综合以上三个结论可以说明,物质和简单的硬件投入并不能从根本上解决安全生产问题。从某种意义上来说,煤矿安全生产的教育、培训、奖惩机制与安全生产管控机制的建立,可能会对降低安全事故率更有效果。

(5) 方差分解

方差分解是把影响百万吨煤炭死亡率波动的原因按照成因进行分解,确定各个变量的影响程度。根据脉冲响应函数,百万吨煤炭死亡率波动的方差分解如表6-5所示。

表6-5 百万吨煤炭产量死亡率的方差分解

Period	S.E.	DEL	Q	SAL	FA
1	0.089238	100.0000	0.000000	0.000000	0.000000
2	0.102747	80.98255	4.569926	0.878716	13.56881
3	0.119090	70.22620	7.855811	11.43811	10.47987
4	0.128806	64.34578	9.889837	15.72648	10.03791
5	0.134783	63.43325	9.193152	16.29434	11.07926
6	0.139368	64.78202	8.871243	15.37954	10.96720
7	0.144935	65.83751	9.046962	14.46662	10.64891
8	0.149586	65.17429	9.812571	14.57020	10.44294

续　表

Period	S.E.	DEL	Q	SAL	FA
9	0.153935	64.26089	10.15811	15.45311	10.12789
10	0.157216	63.95320	10.12094	15.77679	10.14908

从以上方差分解的结果可以看出：

首先，百万吨煤炭死亡率最大的影响因素还是来源于其自身。在从第1期到第3期的演变过程中，百万吨煤炭死亡率的影响呈现出逐渐衰减的态势，从第4期到第10期，其影响程度基本维持在65%左右。

其次，煤炭产量对百万吨煤炭死亡率的影响呈现出逐渐增加再达到稳定的趋势。1—4期，其影响程度在较大幅度地逐渐增加；5—10期，其影响程度逐渐稳定在9%~10%期间。

再次，煤炭行业平均工资对百万吨煤炭死亡率的影响呈现出逐渐增加再达到稳定的趋势。1—4期，其影响程度逐渐增加。尤其是从第2期的8.7%迅速增加到第4期的15.72%，在5—10期，其影响逐渐稳定在14%~16%期间。

第四，煤炭行业固定资产投资对百万吨煤炭死亡率的影响呈现出迅速增加，然后缓慢下降达到稳定的趋势。1—2期，其影响程度迅速增加到13%，但在第3期开始下降到10.5%，并在后续一直维持在10%左右。

第五，从各期影响程度来看，影响最大的是百万吨煤炭死亡率自身，煤炭行业平均工资次之，其次是固定资产投资和煤炭产量。同时，随着期限的延长，固定资产投资和煤炭产量的影响程度逐渐趋于一致。

(6) 格兰杰因果检验

由于模型中的各变量一阶滞后处理后均为平稳序列，因此，需要采用格兰杰因果检验方式对各变量与百万吨煤炭产量死亡率的关系进行检验。研究选择滞后阶数为2阶，检验以5%的显著水平为准，检验结果见表6-6。

表6-6 滞后阶数为2的格兰杰因果检验

Null Hypothesis:	F-Statistic	Probability	结论
DEL does not Granger Cause SAL	4.81067	0.01849	拒绝
SAL does not Granger Cause DEL	3.04834	0.03783	拒绝
DEL does not Granger Cause Q	0.33705	0.05750	接受
Q does not Granger Cause DEL	0.78127	0.04012	拒绝
DEL does not Granger Cause FA	1.61698	0.02121	拒绝
FA does not Granger Cause DEL	1.25918	1.25918	拒绝

基于上表可以看出，滞后阶数为2的格兰杰因果检验结果表明，除产量与百万吨死亡率只有单向因果关系外，煤炭行业平均工资、煤炭固定资产投资与百万吨死亡率之间均存在双向因果关系。这一结论也从另外一个角度验证了上述协整分析结论的合理性。

（7）研究结论

通过上文对各变量进行协整检验与向量自回归模型的模拟合成、方差分解，格兰杰因果检验，并根据其中的研究结果，可以得出结论如下：

首先，影响百万吨煤炭死亡率最大的因素仍然是其自身。基于对百万吨煤炭死亡率的方差分解结果，不难看出，无论是短期还是长期，影响死亡率的因素仍然是其自身。这一结论说明，尽管其他因素会在煤炭企业安全生产中发挥一定的影响作用，但是，由于影响煤炭企业安全生产的因素除了有形的可见因素外，更多的是无形的难以量化的因素，例如：煤矿工人对安全规章制度的遵守程度、对存在的安全隐患的预防与处理能力、煤矿管理者的安全意识、对煤矿安全的检查落实程度等。而这些实际上才是影响煤炭企业安全生产的关键要素。但由于这些因素难以在本模型中实现量化，因此，只能够体现在最终的死亡率中。

死亡率的重要影响也从另一个方面再次验证了作为一个长期的艰巨的系统工程，安全生产要从充分完善安全管理的规章制度、人员素质的培养提高、对安全生产规程的严格遵守和安全检查的落实上下功夫。通过制定科学的煤炭安全生产规制政策，真正落实好每一个操作规程与细节、把严格监管落到实处，才能从根本上持续降低百万吨煤炭生产死亡率。

其次，无论是产量、工资、还是固定资产的投资等外部有形因素对百万吨死亡率的影响均有限。无论是脉冲响应还是方差分解的结果，都不难看出，从实际效果来看，这些物质和硬件上的投入在短期内可以降低死亡率，但由于其实质上是一种治标不治本的做法，属于辅助性措施，无法影响造成煤矿安全事故的根本原因。这一结果说明，物质和硬件投入虽然有用，但其作用有限。只有在保持物质和硬件投入的同时，加强全方位的安全管理，才能达到适当降低死亡率的目的。

再次，煤炭安全生产并非单单是煤炭行业自身的事情，需要大的外部环境的改善。从上面的分析结果中可以看出，即使煤炭行业采取了一定的物质投入，也加强了安全管理，但从国家层面来说，煤矿安全事故频频发生与过分追求高速的经济增长有密切的关系。长期以来，山西粗放式、依赖于煤炭产业的经济增长模式在国家能源需求的强约束下，不断得到强化，这也直接导致了地方政府和煤矿企业在利益的驱动下，为追求短期的经济效益和政绩而忽视安全生产。因此，需要从宏观上转变现有的粗放式的经济增长方式，减少对煤炭能源的过度需求，还煤炭行业安全生产所需的良好外部环境。

6.1.2 比较视角下的山西煤炭安全生产政策评价

基于安全生产为目标的山西煤炭产业政策的演进基本上实现了山西煤炭产业安全发展的根本性目标。山西煤炭产业通过加大安全投入，加强安全培训，建立和完善煤炭安全生产管理机制等一系列煤炭安全生产政策法规体系的制定和实施，全方位提升了山西煤炭产业安全生产水平，实现了煤炭安全百万吨死亡率和事故数的持续降低。

从前面的研究中可以看出，自2005年以来山西省平均每年投入煤矿安全资金达80多亿元。用于矿井主要通风设备的更新改造66亿元、完善和改造矿井瓦斯监测系统与抽放系统109亿元、防治煤与瓦斯突出28亿元、防灭火18亿元、防治水24亿元、机电设备安全防护设施90亿元、供配电系统安全防护设施44亿元、矿井运输（提升）系统安全防护设施72亿元、综合防尘系统10亿元、其他与煤矿安全生产直接相关支出208亿元。特别是2011年全省煤矿建设完成固定资产投资920.67亿元，比上年增加463.45亿元，增幅92.4%，是2005年总投资的5.6倍。

与此同时，山西省煤炭产业在加大安全投入的同时，强化安全培训机制的完善和建立，成功构建了以政府、企业培训为主，以社会监督为辅助手段的行业培训体系。通过将在省经贸委管理下的山西省煤炭工业管理局升格为省煤炭工业厅，形成以山西省煤炭工业厅为主，安全、资源、环保、林业等职能部门各司其职、务实高效的煤炭行业管理新格局，实现了煤炭行业管理由偏重生产管理向建设、生产、安全、经营全过程监管的转变，保证了煤炭行业全过程安全体系的建立。

但不可忽视的是，在发现山西煤炭产业有效实现安全发展的同时，利用煤炭安全生产政策评价模型的结论，比较分析山西煤炭产业安全规制政策的演进路径和政策内容，我们同样也可以发现山西煤炭产业政策演进过程中的问题和不足。

首先，山西煤炭产业安全生产政策体系的演进路径基本正确。煤炭产业安全生产的主要影响是煤炭产业自身的影响。通过对煤炭产业从业人员培训的加强和煤炭企业自身安全管理的加强，实现从业人员安全生产能力的提升以及煤炭企业生产方式和管理方式从理念上的改变，强化安全生产意识和安全生产责任管理，对提升煤炭行业安全生产能力有很好的促进作用，也符合煤炭产业安全生产政策模型的分析结论。

其次，山西煤炭产业安全生产政策重安全设备投入，轻安全监督管理的问题不容忽视。现阶段，安全生产设备的投入是山西煤炭产业实现安全生产的基本保障和主要手段，但结合煤炭产业安全规制政策模型分析结论可以看出，安全生产设备等硬件的投入对煤矿安全生产的影响度只是在前期出现了大幅度增长，后期一直维持在10%左右。从实证分析的结论中可以看出，随着时间的推移，这些投入对安全生产的影响会逐渐下降并趋于稳定。这说明硬件投入包括安全生产设备的投入是煤炭行业安全生产的基本条件，但并不是煤矿安全生产的关键因素。

纵观山西省煤炭安全生产政策的变迁历程，山西省在煤矿安全设备设施建设方面的政策层出不穷，这些政策的制定保障了煤炭企业安全生产的实现。但更多地注重硬件设备的投入与建设，轻对设备的管理维护和日常检查方面的规定，也是现阶段山西煤炭产业政策的主要问题所在，并致使很多煤矿企业仅仅是为了满足政策要求而进行安全设备投入，忽视了设备的运行管理和日常维护。与此同时，存在着很多由管理部门强行规定生产设备厂商和设备采购价格的政策，而这些政策的出台无疑对煤炭产业安全生产能力的提升毫无意义。

第三，由于安全生产设备投入对煤矿企业安全能力提升的短期影响明显，造成了政府为实现安全目标的"近视效应"和对长效性政策供应的短缺。同时，由于设备的存在给煤矿企业安全管理认识上造成误区，出现了过多依赖安全设备而忽视其他管理能力提升的安全管理现象，也造成了现实中的煤炭企业安全生产方面的"道德风险"的存在。

从以上分析可以看出，山西煤炭产业安全规制政策演进的方向总体上是沿着科学、合理的路径而进行的。但在政策变迁过程中，政府主管部门由于过分注重短期目标，存在以短期效果为重点的政策演进现象。这一演进路径在一定程度上不利于煤炭产业安全生产长效机制的构建和实现。因此，山西煤炭产业安全生产政策的演进应以行业标准制定和监督管理为主，界定好规制与市场之间的关系。在通过政策制定标准的条件下，通过市场机制保证企业对标准的满足。在此基础上，构建政府日常监督管理的长效机制和政策，实现对煤炭企业的长期有效监督，是实现煤矿安全生产的根本。

6.1.3 政策性寻租与山西煤炭产业安全政策

政策性寻租作为对寻租理论的发展和延伸，是政府行为外部性的典型表现。从对寻租理论的探讨出发，分析政策性寻租的内涵与特征，基于内容分析法，对山西煤炭产业政策，尤其是代表性安全生产类政策，可能造成的政策性寻租问题进行分析，是对山西煤炭产业政策演进效果进行分析的必然选择。

从前面的研究内容来看，在山西煤炭产业安全政策中，通过加强对煤炭企业安全生产设备设施建设管理的政策的制定与实施，基本保证了煤炭企业安全生产能力的提升，实现了安全生产形势的好转。但在政策的制定与实施过程中，由于政策内容层面的偏离，可能会造成贯穿政策的制定与实施两个阶段的多层次上的政策性寻租问题的发生。因此，以政策性寻租为出发点，对代表性山西煤炭产业安全政策进行分析，以发现并解决政策过程中的寻租问题，既体现了在强社会性和公益性基础上，对隐性的政府行为外部性分析的必要性，也可以为山西煤炭产业进一步实现安全发展创造良好的政策环境提供保障。

(1) 政策性寻租

①寻租理论概述

从1967年塔洛克对寻租进行系统的探讨开始，寻租理论在以不同研究方向为代表的学者的推动下，得到了延伸与拓展。以布坎南为代表的公共选择学派认为寻租产生的条件是存在限制市场进入或市场竞争的制度或政策，其往往与政府干预的特权有关，寻租基本上是通过政治活动进行的，限制寻租就要限制政府。同时，在公共选择学派看来，寻租的主要体现就是在人为垄断条件下的财富转移并对社会造成财富浪费。

与此同时，以巴格沃蒂为代表的国际贸易学家从国际贸易的角度对寻租进行了系统研究，并将寻租定义为直接非生产性寻利活动（DUP）。该学派认为，寻租活动只是对个体产生利益，对社会整体存在经济资源的耗费和资源的社会零产出两个方面的较大危害。

而以斯蒂格勒为代表的芝加哥学派则从经济管制的角度，在产业组织领域中的政府经济管制和其中的利益集团博弈活动等问题上对寻租理论进行了研究，该流派可以说是对公共选择学派的寻求垄断的寻租理论内涵的进一步拓展。国家拥有的绝对强权力可以为某些产业利用并提高自身的获利能力，在实现产业自身获利能力提高的同时，又造成了另一部分权力对象的损失。因此，该学派认为国家是租金的潜在源泉，不同利益集团为实现租金的获取，会通过各种手段使得国家制定并实施对自身有利的经济管制政策。

综合以上对寻租理论的研究来看，尽管以上各学派从不同角度对寻租理论进行了分析，但对寻租的定义中都包含了寻租活动与寻利活动不同的观念，都认为寻租活动的发生一方面造成参与寻租活动的经济主体自身的获利，但是这一过程对社会不会带来任何利益，甚至会产生较大的负面影响。

②政策性寻租的内涵与特征

政策性寻租可以视为寻租的一种高级形式。目前我国学者对政策性寻租的研究主要集中在政策俘获方面，以政策过程中权力和资本结合造成的政策俘获为研究内容。认为政策性寻租主要是一种决策型腐败，是决策权与执行权合谋的产物，是权力和资本交易的纵深发展。在政策俘获的影响下，形成了公权力对私权利的侵蚀和私权利对公权力的侵蚀的二元侵蚀并存状态。这些研究把利用政策实现寻租的过程看作是政策俘获，是利益主体通过贿赂政府相关官员，通过立法、制定政策及政策的实施以获得相应的经济利益的行为。

从寻租理论的内涵来看，政策性寻租是在政策过程中，政策主体与政策对象之间发生的寻租活动，其体现的是政策主体在政策过程中，以合法的政策目标作为表象，通过制定有利于部分政策对象的政策，实现对政策受益者进行租金索取的过程，是在利益集团作用下的政策过程中的主动设租活动。同时，在主动设租活动的影响下，又可能造成政策过程中新的附加性寻租活动的发生。因此，本研究认为，政策性寻租既包括政策俘获过程中的寻租，同时也包含在政策俘获影响下的传统寻租活动，其最终带来的是多层次寻租活动的发生。

政策阶段的划分为深入分析政策性寻租奠定了基础。从现实来看，政策性寻租受政策阶段划分的影响，主要包括四个层次的寻租活动：一是，在政策问题确立阶段，政策利益相关者通过对决策者进行寻租，实现有利于自身利益的政策问题的确立；二是，在政策制定阶段，通过对政策制定者进行寻租，实现在政策内容上对自身利益的体现；三是，在政策执行阶段，通过对政策执行者进行寻租，实现在政策执行过程中的自身利益的获取；四是，在政策作用下，政策获利方通过对政策的最大化利用，实现对政策不利方的寻租活动，是政策影响下的DUP活动。

综合以上分析可以看出，政策性寻租是在政策过程中，以维护公共利益为名义，在实现对政策问题局部回应的基础上，对本应属于市场调节范围的行为以政策形式进行强制性约束，形成政策性设租，并产生了附加的寻租空间，造成多层次寻租活动的发生，是政府行为外部性的一种体现。

(2) 山西煤炭产业安全政策中的政策性寻租

①山西煤炭产业政策的构成与表征

从前文中对山西煤炭产业政策体系的构成研究来看，山西煤炭产业政策包含了不同政策目标的专项政策，并主要体现在三个方面。

一是以产业布局政策和产业技术政策为代表的基础性政策，这些政策是山西煤炭产业政策体系的根本，也是其他专项政策得以实施的基础。这两个专项政策不仅受山西煤炭产业自身发展的影响，其更主要依赖于国家和社会整体发展状况；二是以产业组织政策、产业结构政策和产业环保政策为代表，以体现山西煤炭产业可持续发展目标为核心的产业政策，这些政策宏观上受我国和山西经济发展方式的影响，微观上受山西煤炭产业自身发展状况的影响；三是以产业安全政策为代表，以体现山西煤炭产业安全发展目标为核心的产业政策，这一政策受社会层面对安全发展的关注和煤炭产业自身发展的影响，反映的是煤炭产业自身发展过程中的安全问题和社会层面对这些问题的关注度的变化。

②煤炭产业安全政策及政策性寻租

山西煤炭产业实现安全发展既是国家安全发展观的落实，同时也是山西煤炭产业健康发展的诉求，山西煤炭产业安全政策对山西煤炭产业安全发展的合理性与有效性回应，是解决山西煤炭产业安全发展问题的关键。这些特性造成了煤炭产业安全政策具有较强的社会性和公益性，同时，在政策过程中，容易造成在公益性掩盖下的政府行为负外部性。

山西煤炭产业安全政策既涉及监管部门对煤炭企业的安全监督管理，也涉及煤炭企业自身在安全生产压力和外部环境约束下的安全生产管理。从对山西煤炭产业政策的梳理来看，现有的以促进安全发展为目标的山西煤炭产业安全政策主要包括四个方面：一是以促进煤矿安全监督检查长效化和规范化为目标的安全监督检查政策；二是以保障煤矿企业安全生产能力为目标的企业安全设备设施建设与投入的规制性政策；三是以实现长效培训机制建设为目标的系统性、全方位培训政策；四是以提升煤炭企业自身安全管理能力为目标的煤炭企业安全管理规范和管理标准。

山西煤炭产业安全政策的制定与实施，保证了山西煤炭企业自身安全生产能力的提高和煤炭产业安全生产形势的好转，但不容忽视的是，以安全发展为政策目标的山西煤炭产业安全政策产生了很强的负外部性，由于规制失灵造成政策性寻租情况在山西已经凸显，尤其在市级及以下地方政府，以保障煤矿企业安全生产能力为目标的，针对煤矿安全生产设备设施建设的微观规制政策中更为突出。

从现阶段看，比较典型的安全规制类政策包括：太原市煤管局《关于规范全市煤矿安全监控系统建设管理的通知》中就明确指出："各煤矿企业应将煤管局选定的山西美安科技等六家厂商作为全市煤矿安全监控系统的设备供应厂商，并要求煤炭企业不得自行安装其他厂家的安全监控系统，否则不予验收。"与此同时，为了避免所指定的六个厂商之间的竞争，对该六个厂商的供货区域范围又做出了明文规定。清徐县《关于公布我县煤矿通信联络系统建设单位的通知》中指出："通过资质审核与技术交流，选定武汉升泽科技等三家公司为清徐县煤矿通信联络系统建设和设备供货单位，并明确规定各煤矿不得私自通过指定范围外的企业进行煤矿通信联络系统的设计、安装与维护。"太原市煤矿安全信息中心在《关于推进我市煤炭专网升级相关工作的函》中要求："此次升级工作中，煤矿必须配备统一型号的路由器、交换机和安全网关，设备的购置与集成由山西清华公司和阳光三极网络公司负责，费用为每矿11万元。"等。

基于对这些政策的分析，可以看出，政策性寻租问题的发生主要体现在政策内容上，尤其是在有关对安全设备设施建设过程中的设备生产厂商和设备交易价格进行的政策性规制，并作为政府的行业管理部门对煤炭企业进行监督检查和验收的标准方面。从政策性寻租的角度来看，这些政策中存在的政策性寻租问题主要包括三个方面。

首先，在政策内容上，通过明确指定设备生产厂家，对煤炭企业安全设备的选择进行强制性管制，实现了在政策上的设租和租金的索取，是第二层次的政策性寻租活动的体现。

政府管理部门在政策制定过程中，通过政策内容的调整，将本应由市场决定的资源通过政策进行规制，实现了对设备生产厂商的设租。同时，为保障市场利益的获取，厂商之间会出现为争取获得政策指定许可的竞争，是设备生产厂商通过稀缺资源的利用以改变自身获得非生产性利益能力的一种竞争行为，这一行为没有对煤矿安全生产能力和生产厂商设备性能的提升产生任何影响，只是为了获得限制许可或保护已得到的许可进而获得经济上的利益，属于无效率竞争，是设备生产厂商对政府管理部门的寻租活动。因此，这一政策制定过程是政府管理部门主动设租或无意设租的体现，并导致了政府管理部门和设备生产厂商之间寻租活动的发生，其反映的是政府管理部门利用制定政策的权力进行设租，生产厂商为实现自身利益进行寻租的过程。

其次，在完成政策制定阶段的设租与寻租活动之后，由于政策自身的缺陷，在政策执行阶段，既存在对政策的强制性执行理念，同时，也产生了由政策缺陷带来的政策风险而造成的政策执行力度的不确定性。不确定性的存在，产生了围绕政策执行的第三层次的政策性寻租活动，为设备生产厂商向政策执行主体进行二次寻租创造了条件，同时，煤炭企业为保障在政策执行过程中自身合法利益的实现，也为煤炭企业向政策执行主体进行寻租提供了条件，形成了煤炭企业、设备生产厂商以及政策执行主体之间的以寻租为特征的博弈过程。

第三，在政策的作用下，形成了设备生产厂商对煤炭企业进行的第四层次的政策性寻租活动。这一寻租活动，是设备生产厂商的获利过程，是在政策作用下设备生产厂商对煤炭企业进行的直接非生产性寻利活动（DUP活动）。从表面来看，这一过程是设备生产厂商与煤炭企业之间的市场交易过程，但由于在政策上已经完成了对设备生产厂商和价格的指定，煤炭企业在很大程度上失去了以市场为手段的自由选择权，因此，其实质是由政策引起的DUP活动，是设备生产厂商利用政策对煤炭企业的寻租过程。

(3) 政策性寻租带来的问题

产业政策作为国家干预或参与经济的一种形式，属于公共政策范畴，具有很强的公共性和对公权力的依赖性。产业政策的制定与实施，不仅是简单的对经济的干预，同样具有丰富的内涵，其主要包括三个方面：首先，由于产业政策是国家对经济的干预，因此，政策的制定与实施的出发点必然是对社会效率或者政策对象产业的经济效率的提高提供保障，同时，产业政策的公共性和政策过程中对公权力的运用，对政策的公平性提出了要求。其次，政策的目标能否实现，不仅受政策环境的影响，同时，政策内容对政策目标的响应度也是其关键因素，因此，保证政策内容对政策目标的充分响应是政策目标得以实现的关键所在。第三，由于产业政策是政府公权力的运用，因此，在政策过程中对公权力的合理约束是产业政策得以合理实施的保障。

结合对产业政策内涵的分析可以看出，山西煤炭产业安全政策产生的政策性寻租带来的问题主要体现在以下三个方面。

①社会效率和公平性损失

美国经济学家布罗姆利认为，制度的变迁既可能提高经济效率和改变收入分配，还可能实现对经济机会的重新配置和经济优势的重新分配。对经济优势的重新分配与其他结果不同，其实质是对福利的重新分配，是社会的某些成员通过消除占主导地位的社会效用和社会福利概念以提高其自身的相对地位。这一理论说明对经济优势的重新分配既不是对社会福利的提高，也不是对社会效用函数的改变，而是在社会价值体系中的社会偏好和态度未发生变化的条件下，不同社会成员通过直接的非生产性活动以寻求利润的行为方式，是社会成员通过稀缺资源的利用以实现对自身相对地位改变的过程。因此，从社会效率的角度来看，这些制度本质上造成了社会福利的损失和效率的降低。

在山西煤炭产业安全政策中，对煤矿企业安全生产设备建设过程中的设备厂商选择范围和设备交易价格进行的政策性规制属于对经济优势的重新分配。通过限制生产厂家和购买价格这些政策的制定与实施，人为地改变了煤炭企业与设备生产厂商以及设备生产厂商之间的相对地位，为那些被允许的生产厂家带来了超额经济利益，进而衍生出为获得这些限制许可政策的竞争或者为已经得到的许可的保护，其直接结果就是通过对稀缺资源的利用产生了一个新的且无效率的平衡，同时，由于政策的实施导致了社会财富的无效转移和福利的损失，其实质是社会效率的损失。

通过限制生产厂家和购买价格在造成社会福利和社会效率损失的同时，这些政策的制定和实施，造成了设备厂商和煤炭企业之间的不公平以及设备生产厂商之间的不公平。

首先，政策的制定与实施造成煤矿企业不能选择更加适合自身或者是更加先进的设备。在政策的约束下，煤矿企业和获得许可的设备生产厂家之间由不存在政策许可时的权利和义务关系转变成了无权利和特权关系。在政策的要求下，煤炭企业为了通过验收，只能按照政策规定，以较高的价格购买获得许可的生产厂商的设备，且这一设备并不一定是最优设备；获得许可的设备生产厂家作为"理性的经济人"一定会在政策的支持下，按照较高的价格向煤炭企业出售其产品。造成了煤炭企业和设备厂商之间的不公平的发生。

其次，相对于利用稀缺资源获得特殊对待的厂商而言，未获得特殊对待的厂商由于受到政策的影响，其无法进入煤炭企业的购买选择范围。这一状况的发生不是因为这些厂商的设备不符合国家标准或无法保证安全生产的实现，恰恰是由于政策的因素。因此，从市场公平竞争的角度来看，这些厂商处于不公平待遇地位，造成了设备厂商之间不公平的存在。

②政策手段对政策目标的扭曲

从政策目标和政策手段的关系来看，提高煤矿安全生产能力以实现安全生产是山西煤炭产业安全政策的政策目标，而为实现这一目标所规定的政策内容是政策的手段，政策手段的主要目的就是保证政策目标的实现。

从国家和山西省两个层面的煤炭产业政策来看，提升煤炭企业安全生产能力以实现安全生产是政策的主要目标。通过产业政策的制定和实施，对煤矿企业安全生产设备设施建设进行规制要求，提高煤矿企业安全生产装备水平是实现煤炭产业安全生产这一政策目标的政策手段，因此，政策内容应该是以体现保障煤炭企业安全生产条件的落实和安全生产设备设施建设的规范性为主。在煤炭产业现有管理体制下，为保证政策目标的实现，政府管理机构作为政策的制定者和执行者，应该主要从三个方面来实施这一政策过程并作为其主要政策手段。

首先，制定安全生产系统设备建设标准，要求煤炭企业根据矿井生产规模和矿井条件安装相应的安全生产设备；其次，制定安全生产设备生产标准和技术性能标准，根据标准要求对设备生产企业进行行业管制；第三，制定长效监督检查政策，依据政策规定对煤炭生产企业安全生产设备安装和运行情况进行监督检查，并作为企业投产验收和日常安全生产监督管理的长期项目之一。因此，管理机构在煤矿安全生产设备系统建设管理政策方面的职责主要是规定系统建设标准，并在政策要求下，对企业是否按照标准要求安装符合国家行业管理标准的设备和设备日常运行进行长效的监督检查。

对山西煤炭产业安全政策进行分析可以看出，作为煤炭产业政策目标的实现手段，其政策内容与目标实现之间出现了差异。在政策手段的影响下，政策目标发生了变化，政策目标实质上已经异化为对煤炭企业选择设备生产厂家和交易价格的规制，这一政策手段对提升煤炭企业安全生产能力以实现安全生产这一真实的产业政策目标而言毫无意义，形成了政策手段对政策目标的扭曲。

③个人腐败的难以追溯和腐败概率的提高

寻租方通过设租方利用政策制定与执行过程满足自身利益要求的情况下，以租金的形式对设租方进行寻租，这就演变成了立法腐败问题。冯英从政府过程的角度对行政立法腐败问题进行了研究，认为行政立法腐败所触及的深层问题是不同利益主体在行政立法影响力上的对比，其负面表现既可能是"部门利益法律化"，也可能体现在个体层面上的腐败当中。因此，政策性寻租的实质就是公权力异化造成的立法腐败问题，并具有很强的隐蔽性。

山西煤炭产业安全政策在以促进煤炭企业安全生产能力提高为目标的政策过程中，通过对煤炭企业安全生产设备设施建设进行政策性规制,以实现煤炭企业安全生产条件的改善。从表面上看,政策的制定与实施符合我国煤炭产业政策对煤炭企业安全管理的要求,并实现了对企业的强制性约束,保证了政策的有效执行。但从政策目标的实现方式来看,这些政策手段不仅不利于产业的健康发展,更是以"公意"之名对煤炭企业权利的侵害和政策部门利益的体现。因此,政策的制定与实施,不仅无助于山西煤炭产业安全政策真实目标的实现,而且成为对政府公信力的损害。同时,由于这一政策的制定与实施表面上是以行业利益和部门利益为出发点,具有很强的隐蔽性和无直接责任人的可追溯性,造成在政策性寻租过程中的个人腐败的难以追溯,进而提升了个人腐败的发生概率。

综合以上分析可以看出,在山西煤炭产业安全政策中,通过加强对煤炭企业安全生产设备设施建设管理的政策的制定与实施,保证了煤炭企业安全生产能力的提升,实现了安全生产形势的好转。但在政策的制定与实施过程中,由于政策内容的偏离,造成了贯穿政策的制定与实施两个阶段的三个层次上的政策性寻租问题的发生。这一问题的出现,不仅导致了社会效率和公平性的损失、政策手段对政策目标的扭曲,同时,由于产业政策的公共性和部门性的外在特点,造成在政策性寻租过程中对政府公信力的损害和个人腐败的难以追溯。

6.2 煤炭资源重组与整合政策效果评价

山西煤炭资源重组与整合是放眼全球,立足山西,着眼于煤炭产业长远发展的战略性举措。国际上,发达国家经济增长乏力,贸易保护倾向日渐突出,全球煤炭市场需求萎缩,国际煤价下行;国内,生态保护和可持续发展的呼声越来越高,节能减排、控制PM2.5污染的刚性政策约束日渐提高。推动国内能源结构调整,煤炭产业结构升级,要求企业认真履行社会责任。与此同时,人本管理理念的增强,煤矿安全成本的加大,煤炭产业发展难度呈现出不断增强的态势。可以说,煤炭产业在山西既是产业问题、经济问题,更是社会问题和民生问题,同时还是关系到全国的能源供应和国家的能源安全的全局性问题。

从产业组织和市场结构理论出发，研究山西煤炭产业资源重组与整合及其相关政策问题，对落实循环经济、低碳经济理念，实现山西转型跨越式发展具有重要作用，对我国其他省份实施煤炭产业的兼并重组和山西煤炭产业政策的进一步优化具有一定的借鉴意义，对推动和落实国家层面提出的继续坚持推进煤炭产业生产的集约化、集团化、多元化、洁净化发展具有积极意义。

6.2.1 资源重组与整合主要政策梳理

2007年，国家发展和改革委员会发布《煤炭产业政策》公告（2007第80号）对煤炭产业布局、产业准入、产业组织、产业技术、安全生产、节约利用与环境保护、劳动保护等内容做了明确规定。自此，我国煤炭行业的进入门槛大幅提高，也象征着国家层面的推动煤炭产业科学化、集约化发展举措的开始。

从山西来看，发布于2008年9月2日的《关于加快推进煤矿企业兼并重组的实施意见》（晋政发〔2008〕23号），就山西煤炭企业整合兼并的基本原则、思路目标和主要任务、相关要求及扶持政策等做出详细规定。同时成立了省煤炭企业兼并重组领导组，组长由时任省长王君担任，领导组办公室设在山西省煤炭工业厅，明确了煤矿企业兼并重组分年度目标责任分解。该实施意见反映出了山西对煤炭资源整合的决心和力度，加快了山西省煤矿企业兼并重组的步伐，也是山西煤炭产业从政策层面对国家层面的产业发展规划与约束的积极回应。

2009年4月15日，山西省人民政府下发了《关于进一步加快推进煤矿企业兼并重组整合有关问题的通知》（晋政发〔2009〕10号），进一步明确了整合的目标是到2010年底全面完成整合，并确定了兼并整合主体和整合方案。同年5月8日，印发了《山西省煤炭产业调整和振兴规划》（以下简称《规划》），规划期限为2009—2011年。《规划》明确了包括煤炭生产能力保持合理水平、关闭小煤矿和兼并重组取得重大进展、产业集中度和产业技术水平大幅提高等八大发展目标，并明确了有关部门的工作分工和进度安排。

2010年10月，国务院办公厅转发了发展改革委《关于加快推进煤矿企业兼并重组的若干意见》（以下简称《意见》）。要求山西、内蒙古、河南、陕西等重点产煤省区坚决淘汰落后小煤矿，大力提高煤炭产业集中度，促进煤炭资源连片开发。《意见》指出，在兼并重组过程中，要坚持减少煤炭开发主体与维护企业职工和投资者合法权益相结合，充分发挥市场机制作用、依法整合资源、减少不必要的行政干预，支持符合条件的国有和民营煤矿企业成为兼并重组主体，鼓励各种所有制煤矿企业以及电力、冶金、化工等行业企业以产权为纽带、以股份制为主要形式参与兼并重组，鼓励在被兼并煤矿企业注册地设立子公司。

自此，随着兼并重组工作的不断推进，山西省政府针对兼并重组过程中发现的问题，先后出台了一系列相关规定或通知，为全省顺利完成资源整合兼并重组工作提供了较为详尽的政策指导。据山西省原煤炭工业厅统计，截止到2010年底，累计下发的相关政策文件50多个，确保了资源整合目标的全面实现。

6.2.2 煤炭资源重组与整合前的产业状况

山西是全国重要的煤炭基地，但2008年以前，山西煤炭产业的市场集中度、市场规模水平一直很低，产品差异化不明显，导致煤炭资源浪费、环境污染、矿难频发等问题无法从根本上解决，严重影响着煤炭产业的持续健康发展。据统计，山西省最多的时候共有煤矿11000余座，截至2008年，全省仍有各类矿井2598座，其中：生产矿井1804座，建设改造矿井794座，当年煤炭产量为6.56亿吨。而同时期的美国煤炭年产量大约为10亿吨，矿井1400座左右。因此，无论从规模还是矿井数量来看，山西煤炭产业的发展均不尽人意。同时，从前文的研究可以看出，重组整合前的山西煤炭产业呈现出以下4个方面的特点。

首先，产业集中度低，产业技术水平落后。截止到2008年，全省30万吨及以下小煤矿占矿井总数的80%以上，矿井平均单井规模仅36万吨。2008年全省仅有307座煤矿实现了综采，占煤矿总数的11.9%，约有40%的煤炭产能仍采用落后的炮采方式。小型煤矿因产量规模小不愿投入资金进行煤炭开采设备更新，更不用说综合利用煤炭资源的大额投资和技术支出，在生产过程中采厚丢薄，或者是厚煤层或特厚煤层只开采一层，导致山西煤炭资源浪费严重，资源回采率低。据统计，山西中小煤矿资源回采率平均仅是大型矿井的18%左右。由于中小煤矿无序粗放、掠夺式开采，破坏和浪费的煤炭资源达400亿吨，占山西已探明煤储量的15%。

其次，煤矿安全形势不容乐观。2006年和2007年各发生十人以上事故8起。特别是2007年的"12·5"事故和2008年的"6·13"事故，损失尤为惨重。从实际原因看，既有企业人员素质低，安全管理差的问题，也有为追求短期经济利益而导致的安全投入不足，设备超期服役等问题。同时，由于煤炭企业集中度低，煤炭生产点多面广，行业安全监管难度较大。在利益的驱使下，不少关闭矿井死灰复燃、非法矿井违法生产。不少单位不按基本建设程序建设，有的在建矿井没有精查地质报告就盲目建矿井，有的小矿大建，矿井的设计能力和核定能力不能真实反映建设矿井的实际生产能力。其带来的后果就是，煤矿安全虽然比以前好转，但仍不能保证煤矿安全的持续好转，安全形势依然严峻。

再次，资源综合利用水平低。一方面，煤炭开采过程中存在大量存在的瓦斯、煤矸石自然排放现象，造成既破坏环境，又浪费资源的局面。另一方面，煤炭的加工转化和相关产业，特别是煤化工、煤机制造和煤炭物流等产业发展与煤炭大省地位不相符。初级产品产量大，深加工、精细加工产品较少，产业链短，产品品种单一，产业发展可持续性不强。在市场竞争中只依靠低价格、多资源取得，造成资源浪费和市场竞争能力脆弱。从山西省统计数据看，2008年全省原煤入洗加工率仅为33.5%，原煤外销量占到外销总量的近80%。

最后，矿区环境治理差，大气污染严重。多数中小煤矿一味追求煤炭带来的经济效益，无视因煤炭生产所带来的煤矸石、矿井瓦斯、矿井水等废弃物和煤层气排放对环境造成的污染，以及煤炭在储、装、运过程中的粉尘飞扬对大气的污染和因开采煤矿造成的土地塌陷、地表水破坏等问题。矿区环境治理滞后，积累了一大批环境生态问题，且部分矿区已严重超过了矿区环境的承受能力。典型性代表事件就是省城太原也一度成为全世界污染最严重的城市之一。

虽然山西省实现了单井产量从9万吨到15万吨再到30万吨的提升，但全省煤炭产业粗放的发展模式仍未彻底改变——污染严重、资源浪费、产品附加值低、安全压力大……因此，从根本上彻底改变该状况，实现山西煤炭产业的规模化、集约化、机械化、信息化发展，大规模的资源整合兼并重组成为其必然的政策选择。

6.2.3 煤炭资源重组与整合后的产业状况

山西省煤炭资源整合兼并重组实现了山西煤炭产业水平的整体提升和全省经济效益、社会效益的双赢。国务院研究室工交贸易司原司长唐元曾说："山西省煤炭资源整合，对于山西省调整经济结构、对于促进全国煤炭产业的规模化发展是有益的。"

从上一章的研究来看，山西煤炭资源重组实现了从可持续发展和安全发展两个层面上对山西煤炭产业发展路径的优化和改善，实现了对山西经济结构调整和社会发展的双促进。产业集中度得到明显提高，煤矿安全保障能力得以增强，煤炭行业在山西省经济总量中的贡献度得到提高，煤炭产业循环经济园区布局初步形成，煤层气开发初具规模，煤炭产业的进入壁垒明显提高。与此同时，企业社会责任得到增强，生态环境受到良好的保护并得以改善。煤炭资源整合兼并重组，为山西煤炭产业带来了旺盛的生命力和强大的竞争力。从总体来看，山西煤炭产业的健康可持续发展，不仅对全省相关产业的发展起到了拉动作用，也为全省实现转型跨越发展奠定了坚实基础。

6.2.4 整合效果视角下的政策问题及建议

煤炭作为我国的主要能源和重要工业原料，煤炭工业的健康发展关系国家能源安全和经济安全。继山西省率先实施大规模资源整合兼并重组后，国家又陆续出台了一系列有关促进煤炭工业健康发展的政策措施。从山西煤炭产业整合前和整合后的产业发展状况，以及从产业的规模效应和安全形势看，煤炭资源重组与整合政策措施的实施为山西煤炭产业实现健康发展提供了保障。但是，受政策构成和内容等问题的影响，山西煤炭产业长期粗放发展积累的矛盾仍然较为突出，生产安全事故仍然多发,资源整合目标未能充分实现,未能很好地适应国家和山西省经济和社会发展的需要。

(1) 矿业权价款政策问题及建议

从山西省已经实施的整合政策来看,资源整合兼并重组的关键要素之一应当是将矿业权的有偿使用制度落到实处,推进以市场为导向的优化资源配置步伐。无论是兼并整合企业还是被兼并企业,经济效益都是第一位的。双方最关心的问题就是企业的市场价值到底值多少。煤矿企业的核心资产无非就是井下实物资产和矿业权价值,且对于被整合的中小煤矿来说,因开采方式粗放,实物资产投入小,其最核心资产就是其手中持有的资源价款。所以兼并重组双方资源价款的高低是直接关系兼并重组工作能否顺利和谐推进的最关键要素,也应该是相关产业政策的重心。

①矿业权价款政策内容

2008年9月,山西省政府办公厅印发省国土厅《关于煤矿企业兼并重组所涉及资源采矿权价款处置办法的通知》(以下简称《通知》)(晋政办发〔2008〕83号),规定此次资源整合所涉及的采矿权价款以山西省人民政府2006年2月21日第66次常务会议通过的《山西省煤炭资源整合和有偿使用办法》(以下简称187号令)规定的标准为参考依据进行交易或补偿。政策规定的具体情况如下:

首先,被兼并重组煤矿如按照187号令规定的标准缴纳了资源价款的,直接转让采矿权时,兼并重组企业应向其退还剩余资源量(不含未核定价款的资源量)的价款,并按原价款标准的50%给予经济补偿,或按照资源资本化的方式折价入股,作为其在兼并重组后新组建企业的股份。

其次,被兼并重组煤矿在187号令实施前按规定缴纳了价款,直接转让采矿权时,兼并重组企业应向其退还剩余资源量(不含未核定价款的资源量)的价款,并按原价款标准的100%给予经济补偿,或按照资源资本化的方式折价入股,作为其在兼并重组后新组建企业的股份。

但同时政策又做出如下规定:对于兼并重组时进行扩界或增层的新

增资源，按照187号令规定的价款标准再上浮100%计征资源价款。兼并重组企业缴纳新增资源价款后，按照资源资本化的方式，以所缴纳新增资源价款的150%折价入股，作为其在兼并重组后新组建企业的股份。

②政策问题及其建议

基于对以上政策内容及构成的分析说明，矿业权定价机制存在较大的不合理现象。具体而言，从上文的《通知》中的规定可以看出，此次资源整合兼并重组，资源价款作为被兼并企业的无形资产，未参与资产评估。对于同样是资源整合兼并重组的资源价款，被兼并方如果以187号令规定标准缴纳的，兼并重组企业是按照其已缴纳金额的1.5倍回购资源价款，或以资本化方式折价入股；而对于兼并重组时进行扩界或增层的新增资源，兼并重组企业则是按照187号令规定的价款标准再上浮100%，也就是以2倍金额新购资源价款。兼并重组企业缴纳新增资源价款后，可以以所缴纳新增资源价款的150%折价入股，作为其在兼并重组后新组建企业的股份。

从山西省矿业权价款政策的相关内容可以看出，同一时间段购置同一类资源价款，兼并重组主体向不同资源所有权人支付的价格标准却不一样成为该政策的主要问题之一。向被兼并方支付的资源价款价格明显低于向国土部门新购的资源价款价格。与同类资源价款的市场评估价格相比，差距则更大。这在一定程度上打击了被兼并煤炭企业兼并重组的积极性。

由于被整合煤矿不满足资源价款的补偿金额，导致重组整合企业双方在其他资产的价款认定上也很难达成一致意见，甚至意见分歧较大。加上整合主体与被整合主体之间相互选择的范围很小，在一定程度上影响了整合主体和被整合煤矿企业的关系，影响后期整合煤矿企业的基本建设进程和营业执照的登记注册。比如依照该政策，山西煤运总公司与乡宁南窑煤业有限公司在晋政办发〔2008〕83号文之前签订了重组整合协议，协议中明确山西煤运总公司支付乡宁南窑煤业有限公司资源价款1.28亿元。但按照晋政办发〔2008〕83号文和省政府有关规定，山西煤运总公司只能支付乡宁南窑煤业有限公司资源价款及资产总价值3000万元左右。山西煤运总公司作为省政府确定的整合主体之一，只能按照省政府规定的补偿标准进行交易，其余部分不能支付。而临汾中院判决认为应按合同约定支付费用。重组整合双方分歧较大，致使整合工作无法进行。

山西在煤炭整合重组工作中积极落实煤矿资源全部实行有偿出让的政策，但几乎全部是按照省政府规定的2006年确定的价款标准进行重组交易，少有是通过公开出让的方式确定整合资源的归属。这一现象在很大程度上制约了采矿权持有人参与兼并重组的积极性，不利于兼并重组后续工作的和谐顺利进行。比如：按照工商登记的有关规定，对于整合新设立公司对被整合矿井实行资产收购的，在整合新公司设立前必须先行完成被整合矿井的注销事项，且注销企业登记只能由企业法人提出申请。由于整合双方前期对矿井涉及的资源价款补偿金额政府已经明确，整合双方无法改变。但被兼并企业为了减少损失（有的企业此前是通过二级市场高价格获得的资源价款）或是获得更多利益，在其他资产的评估金额上分歧就加大了。许多无产权但原煤矿企业参与建设的道路、一直处于停产状态且已经塌陷报废的井下巷道等都被兼并企业要求必须纳入资产评估范围，甚至有的漫天要价，兼并双方收购价格一直无法最终确定。但兼并企业的兼并进度、资金支付等都有有关部门督促检查，其各项资金支付的时间、内容必须要合规合法，这就导致原煤矿企业即使收到被兼并的资金，在兼并企业新公司工商注册登记时不予配合。不进行债务清理、税款清缴，甚至有些企业连人员都无法找到。被整合企业不注销，新的煤矿企业也不能注册，整合后煤矿企业的建设改造、贷款融资、生产经营等工作严重受阻，整合企业无法正常运行和发展。最突出的问题是，整合企业支付大量资金购置的资产，因不具备法律意义上的纳入企业财务核算的条件而不能真实反映企业的资产状况。特别是上市公司兼并重组的企业，导致上市公司应收款项奇高，许多属于对收购企业实质性的运行维护费用，因不具备核算条件，期末也只能在往来挂账，盈亏不实。据粗略统计，截至2011年底，山西全省重组整合煤矿企业主体接管到位率98%，资金补偿到位率按协议进度为103%，按全部资金总额到位率为近80%，名称预核准工作已全部完成，但煤矿企业注册登记只有120户。

因此，进一步处理好资源持有者和整合者之间的利益关系，利用市场机制来充分发挥煤炭资源配置政策在产业培育、产业延伸、产业多元、产业升级中的引导作用，成为未来政策演进的主要方向。具体而言，在政府引导下，出台政策，引导煤炭资源价款由符合兼并条件的主体企业之间按照接近市场价格的标准予以竞拍，让真正有实力的企业对资源进行合理合法的开发，发挥好市场在资源价款转让中的配置作用。同时，对于已形成收购实质，因各种原因新公司无法注册的企业，应按照实质重于形式和谨慎性原则，出台细化政策，允许兼并企业纳入财务报表体系分类进行核算。

(2) 从整合过程看政策问题及建议

从山西省关于煤炭资源重组与整合的政策构成和内容看，政策内容方面对企业兼并重组方式和兼并过程的规定过于僵化，兼并过程较为复杂，难以实现兼并重组的最佳方式和效果是企业兼并重组过程中的主要问题之一。

①政策问题

在《山西省人民政府关于加快推进煤矿企业兼并重组的实施意见》（晋政发〔2008〕23号）中，对这次煤炭企业的兼并重组整合方式做出了原则性规定，提出了兼并重组"以资源为基础，以资产为纽带，通过企业并购、协议转让、联合重组、控股参股等多种方式，由大型煤炭企业兼并重组中小煤矿，并鼓励大型煤矿企业之间联合重组；鼓励电力、冶金、化工等与煤炭行业相关联的大型企业以入股方式参与煤矿企业兼并重组"。

但在实践过程中，受现实环境和条件的影响，山西省煤炭企业主要采用了股权收购和资产收购两种兼并重组方式。不同的兼并重组整合方式利弊不同，不同煤矿企业的经营管理差异较大，特别是在被兼并整合主体大都是中小型地方煤矿的情况下，与大的集团型企业相比，其在经营管理、会计核算等方面差距很大。作为兼并整合的主体，怎样使兼并重组产生的经济效益最大，并促使兼并重组整合后续工作顺利进行，兼并重组方式的设计和选择是关键。

首先,资产收购方式单一。根据财政部、国家税务总局《关于企业重组业务企业所得税处理若干问题的通知》(财税〔2009〕59号)的解释,资产收购是指一家企业(以下称为受让企业)购买另一家企业(以下称为转让企业)实质经营性资产的交易。按支付手段不同,分为以现金为对价受让目标公司的资产和以股份为对价受让目标公司的资产两种资产并购形式。山西省煤炭资源整合中的资产收购主要采用的是现金支付方式,资产收购方式单一。

其次,收购程序较为复杂。资产评估结果作为资产收购价格确定的主要依据,兼并企业在资产评估时需要对拟兼并企业井下井上的每一项资产进行尽职调查,评估后要将评估结果报有关部门核准确认后方可作为确定收购价款的依据,收购程序较为复杂。实际操作过程中,一方面,煤矿企业的资产主要在井下,且大多数小煤矿由于种种原因,历史资料短缺,井下不确定因素多,实物资产隐蔽性强,盘点人员通常难以到场进行实物监盘(已封闭关停的煤矿和封闭的巷道更是不能进入),导致无法确定实物资产种类、数量和状态。此时,只能依据对方提供的财务资料和生产资料或矿建资料,对其进行虚拟评估。因此,被兼并主体往往会通过利用这一漏洞,对井下资产进行少评或者多评,导致评估结果或者是主管部门不批准,或者是被兼并方不接受,兼并双方出现拉锯状态,重组整合进展较慢,甚至评估报告失效。

与此同时,依据政策规定,在资产收购中要考虑对拟兼并企业资产享有某种权利的人(如:担保人、抵押权人、土地租赁权人等)的沟通协调,可能会增加额外收购成本。按照兼并流程和规定,兼并企业资产收购需要得到上述相关权利人的支持,或者是履行好对相关权利人的义务,这一问题导致了兼并重组过程的不确定性和复杂性。比如:在山西兼并重组过程中,重组整合前,原煤矿用地多为租用乡镇集体用地,部分还是超额用地。如果在整合过程中,兼并企业没有充分考虑这一问题,就会导致或者是原土地出租者抬高要价,兼并企业继续租用土地成本升高或者租不到土地,或者是原有的工业场地不能满足整合后煤矿企业规模扩张的需要,矿井新办用地手续环节多、程序复杂、周期较长,导致被兼并煤矿改造建设不能正常开工,兼并企业因投资回收期延长增加各股东的不满意情绪,煤矿职工因无活干而产生不稳定因素。

再次,我国现行会计政策与兼并重组产业政策之间存在较大差异。股权收购方式兼并重组,在会计核算上属于《企业会计准则》规定的非同一控制下的企业合并范畴。《企业会计准则讲解——企业合并》规定"被购买方会计处理的原则是非同一控制下的企业合并中,购买方通过企业合并取得被购买方100%股权的,被购买方可以按照合并中确认的可辨认资产、负债的公允价值调整其账面价值"。这也就是说,除此之外的其他情况下,被购买方不应因企业合并而改记有关资产、负债的账面价值。兼并企业只有取得被兼并企业100%股权的情况下,被兼并企业才可以按照评估报告确认的公允价值调整其账面价值,否则不可以调整。当然,根据准则讲解的相关规定,兼并企业可以设置备查簿,详细记录被兼并方在购买日各项资产负债的公允价值、账面价值及其差额,在编制合并报表时再对子公司报表进行调整,以使子公司的个别财务报表反应为在购买日公允价值基础上持续计算的结果。

从现实中的实际问题来看,这些规定的前提是完全市场条件下的企业并购。山西煤炭兼并重组过程作为典型的产业政策作用下的行政指导活动,一方面,被兼并企业的核算极不规范;另一方面,兼并主体往往兼并了几十、上百个甚至几百个煤矿企业,并最终整合成几十个、上百个子公司。这一现象致使被兼并的企业无论从资金角度还是管理角度几乎很少有100%持股的,更多的是仅仅达到控股权,被兼并重组后煤矿保持独立成为兼并企业的子公司。

面对被兼并的企业不能真实反映其经营成果、资产负债不实的实际情况,若都采用准则规定的没有取得被购买方100%股权的被兼并企业不按照公允价值调整其账面价值,而是由母公司通过建立备查簿的形式管理被兼并重组的子公司,不仅会计工作量大、资产管理难度也大。例如:依据山西省政府批复的整合方案,有的被兼并煤矿属于要关闭的企业,涉及关闭后资产核销问题。若不进行调账,是按照原来的账面价值申报核销损失,还是按照核准的评估报告价值申报核销损失?如果按照原来的账面价值申报核销,由于许多项目入账依据不充分,税务部门是否认可?如果按照评估价值申报损失,评估值与账面值之间的差额又怎样核减等问题均是现实中不可回避的实际。同时，因被兼并后企业无论是在规模还是技术方面都需要进行改造，但公司报表数据不实，不利于公司外部融资发展，还可能因虚增负债造成国有权益的损失。

②政策建议

未来针对该类微观的产业政策的优化，应强调多政策、多部门间的协同治理理念的深化，注重政策的实效性和政策间的协调性。具体包括以下几方面。

首先，在土地使用方面要尽可能与当地政府部门协调，通过政府搭建平台，兼并企业对矿区范围内村庄予以经济补偿建设新居或移居到其他村庄合村并点，同时，加大对矿区范围内的劣质土地、荒山、荒滩整治力度的政策规定，形成煤矿占地—采矿—复垦—还地的新模式，落实矿井建设项目用地。

其次，出台政策措施，优化新组建公司的工商登记注册流程，完善资产收购价格评价体系。在收购前期，资产收购价格应坚持以市场为基础、政府为指导的原则，减少政府干预，鼓励原有矿主积极参与整合重组。同时，出台相关政策，鼓励地方政府协调成立煤矿社会事务管理委员会，将兼并企业对被兼并企业的补偿资金预先交存至政府和双方企业共同设立的账户内，待被整合企业配合兼并企业完成原企业注销手续及其他合同中约定的应尽义务事项后，政府再将补偿资金转给被整合企业。由政府做担保，兼并双方通过政府搭建平台达成共识，实现互信，实现兼并整合工作和谐快速推进。

再次，通过进一步优化政策内容，对已购入但无法进行正常核算的资产和运行费用按照会计信息质量要求的"实质重于形式、谨慎性、及时性"等原则进行处理。具体而言，明确规定可以以"整合包"为主体对整合后煤矿进行模拟核算，即按照整合主体企业现已派驻煤矿的独立机构为核算主体。按照"逐级管理、分工负责、会计师事务所提供业务指导"的办法，将兼并重组整合以来发生的收购资产、支付补偿价款、过渡期间各种管理费用（包括母体煤矿代垫费用）、进行销售而实现的收入等，全部建账核算，以准确核算资产和损益。

最后，以鼓励兼并方与被兼并方充分沟通，充分贯彻会计信息质量要求的"可靠性、可比性"原则，出台详细的政策措施，鼓励按照评估报告确认的公允价值调整整合矿井的账面价值，规避新股东权益损失风险，维护会计信息应具备的基本特征。

6.3 本章小结

煤炭产业安全规制政策作为山西煤炭产业政策体系的主要构成，其演进中的问题既涉及产业自身问题，也涉及经济和社会发展问题。煤炭资源重组与整合作为山西省的一项巨大工程，与其相关的产业政策措施成为山西煤炭产业政策演变过程中的主要内容之一。基于此，本章以山西煤炭产业安全规制政策和山西煤炭资源重组与整合为实际研究对象，从政策内容和政策过程中的问题出发，从微观视角，对山西煤炭产业政策演进过程中存在的具体问题进行了探讨和研究。

首先，山西煤炭产业安全政策在一定程度上存在重硬件投入、轻安全意识管理方面的问题。同时，从政策内容看，由于目标和手段的混淆，以及私人利益部门化等现象的存在，政策性寻租问题在该阶段产业政策中较为严重。

其次，资源整合后的山西煤炭产业的经济效益和社会效益得到明显提高，煤炭产业对全省财政收入的贡献率位居第一，百万吨死亡率达到世界水平。说明与煤炭资源整合相关的产业政策较为符合山西省情，符合煤炭产业发展规律，有利于煤炭产业的健康发展。

最后，在实施煤炭资源重组与整合过程中，部分较为微观的，具体操作层面的政策措施存在政策内容与现实实践难以有效结合的问题。这些问题同样会对山西煤炭资源重组与整合工作产生较大的不利影响，也为未来的产业政策制定提出了新的要求。

第7章 山西煤炭产业政策演进效应的综合评价

通过对山西煤炭产业政策演进动力和路径进行分析,可以看出,山西煤炭产业政策的演进整体上体现的是一个围绕促进产业可持续发展和安全发展为目标的政策的不断变迁的过程。以实现产业可持续发展和安全发展为其主要演进目标,山西煤炭产业政策实现了在促进煤炭产业规模化、注重资源综合利用和生态环境保护、构建政府部门对煤矿企业的规范化安全监督管理机制、加强对企业自身安全生产设备设施建设与投入管理、强化长效培训机制的建设、强化煤矿企业自身安全管理能力提升6个路径方向上的演进。

政策演进的发生既可能实现对政策目标的回应,也可能不能完全回应或在演进过程中产生新的问题。通过定量和定性相结合的方法,以快速发展与转型发展阶段的政策演进为主要研究对象,对政策演进效应进行全面深入分析,探寻政策演进对政策目标的回应度和政策演进过程中的问题,不仅是对政策过程的完善,也是未来对政策演进建议的客观需要。

7.1 政策演进与煤炭产业可持续发展

可持续发展作为山西煤炭产业的发展目标,从2005年开始,山西煤炭产业在国务院《关于促进煤炭工业健康发展的若干意见》的指导下,以《国务院关于同意在山西开展煤炭工业可持续发展政策措施试点意见的批复》为契机,沿着产业规模化、实现资源综合利用和生态环境保护两个路径方向开始了山西煤炭产业以可持续发展为政策目标和产业发展目标的政策演进过程。政策演进的发生,从提高产业集中度、优化产业经济增长质量、发展循环经济和保护生态环境4个方面对山西煤炭产业发展起到了很好的促进作用。

7.1.1 产业结构布局更加合理,产业集中度得到提高

产业布局不合理、规模小、产业集中度不高是困扰山西煤炭产业发展的主要问题。在可持续发展理念的作用下,山西煤炭产业政策实现了以促进产业规模化为路径的政策演进,制定并出台了一系列涉及资源整合和兼并重组的政策,为山西煤炭产业实现规模化发展提供了政策依据和环境空间,其直接政策效应就是山西煤炭产业进入大基地、大集团发展阶段,产业集中度得到提高,主要体现在以下两个方面。

(1) 产业结构布局更加合理

产业结构布局更加合理的直接体现就是煤炭企业单体规模的扩大和小煤矿数量的减少。截至2011年末,山西省累计淘汰落后产能2.6亿吨,煤矿数量由2004年的5000座左右压减到1053座,办矿主体由2200多个减少到130个;通过资源整合和兼并重组,山西省形成了4个亿吨级、3个5000万吨级、11个千万吨级以上的大型煤炭集团和72个300万吨的煤炭企业,单井平均规模达120万吨以上,资源回收率由平均不足20%提高到80%以上,规划生产能力达到12.4亿吨;在资源整合和兼并重组的作用下,山西省形成了国有企业占20%,民营企业占30%,混合所有制的股份制企业占50%的以股份制为主要形式,国有、民营并存的产业格局;2011年千万吨以上煤炭大集团煤炭产量占到全省总产量的67.26%,比2005年提高了21个百分点(表7-1)。资源整合兼并重组使山西的煤炭工业率先告别了"小煤窑"时代,进入了全新的大基地、大集团发展阶段。

表7-1　山西煤炭工业原煤产量结构　单位：万吨

年份	2005	2006	2007	2008	2009	2010	2011
国有重点	25621	30063	32328	34848	37904	44119	58673
地方	29795	28055	30692	30729	23650	29977	28559
全省合计	55416	58118	63020	65577	61554	74096	87232
重点占比(%)	46.23	51.73	51.3	53.14	61.58	59.54	67.26

数据来源：山西省煤炭工业厅

(2) 产业集中度得到提高

产业集中度是行业内规模最大的前几位企业的产量或收入占整个行业的份额，通过进行产业集中度分析，可以反映出产业内大企业的市场控制能力和山西煤炭产业的规模化发展状况。煤炭行业属于规模化生产属性突出的行业，集中度过低不仅可能导致恶性竞争，还有可能因为规模程度不够，制约煤炭产业的集约化发展和长远发展。按照原煤产量计算山西省煤炭产业集中度变化情况如表7-2所示。

表7-2　2005—2012年山西煤炭产业集中度　单位：万吨

年份	2005	2006	2007	2008	2009	2010	2011	2012
全省合计	55416	58118	63021	65577	61555	74106	87232	91333
同煤集团	5668	6175	6550	6891	7450	10118	11537	13213
焦煤集团	6081	6996	7237	8029	8079	10214	10895	10540
阳煤集团	3245	3542	3303	3729	4346	5206	5852	6881
潞安集团	2501	3160	3718	3488	4181	5032	6189	6748
四大集团合计	17495	19873	20808	22137	24056	30570	34473	37382
CR4(%)	31.57	34.19	33.02	33.76	39.08	41.25	39.52	40.93

数据来源：山西省煤炭工业厅

由表7-2可以看出，山西煤炭产业通过制定与实施以煤炭资源整合为目标的产业政策，产业集中度从2005年的0.31上升到2012年0.4。产业集中度的变化反映了山西煤炭行业的进入壁垒与生产规模的提高以及产业规模化生产状况得到改善。但是与国外同行比较，山西煤炭行业的集中度仍然偏低，山西煤炭的产业集中度有待进一步提高。

7.1.2 产业经济增长质量得到优化

随着煤炭产业可持续发展战略的实施，通过以政策促进产业发展、以政策规范产业秩序工作的开展，山西省煤炭产业在产业发展的质和量两个方面同时得到优化。

（1）煤炭产量和销售收入得到大幅提高

2010年，山西省提出"以煤为基、多元发展"和"依托煤、延伸煤和超越煤"的经济发展理念。理念不仅是对山西煤炭产业以规模化、集团化发展方式实现可持续发展的政策演进的推动，更是对山西煤炭产业可持续发展目标内涵的延伸。通过对山西煤炭产量和销售收入进行统计分析，可以看出，在这一理念和政策演进效应的作用下，山西省煤炭产量和销售收入得到大幅度提高。2005—2011年山西省煤炭产量和销售收入汇总见表7-3。

表7-3 2005—2011年山西煤炭产量和销售收入

年份	产量(万吨)	产量增幅(%)	销售收入(亿元)	收入增幅(%)
2005	55416		1735	
2006	58118	4.88	1910	10.09
2007	63021	8.44	2400	25.65
2008	65577	4.06	3500	45.83
2009	61555	-6.13	3766	7.60
2010	74106	20.39	5441	44.48
2011	87232	17.71	8133	49.48

数据来源：山西省煤炭工业厅

(2) 煤炭产业经济增长质量得到改善

山西煤炭产业在政策的影响下,不仅出现了产量和收入的数量的增长,在产业发展质量上也得到了改善。主要体现在以下两个方面。

首先,在以实现产业可持续发展为目标,以产业规模化为路径的产业政策影响下,通过资源整合和兼并重组,山西煤炭产业工业增加值、对全省经济贡献率得到大幅度提高。

根据山西省煤炭厅和统计局统计资料,2010年山西省煤炭行业实现利税1136亿元;煤炭行业增加值1952.7亿元,比2009年增长2.29%,拉动全省工业增长5.1个百分点。2011年实现利税1593亿元,比2010年增加457亿元,增幅40.23%;2011年煤炭行业增加值3410亿元,约占全省工业增加值的31%,煤炭对全省工业经济贡献率为63.2%,拉动工业经济增长11.3个百分点。2011年全省煤炭行业增加值是2005年的5.05倍,煤炭对全省工业经济贡献率比2005年的26.32%提高了36.88个百分点,拉动工业经济增长比2005年的5.08%提高了6.22个百分点。

其次,在实现煤炭产业经济大幅增长的同时,山西煤炭产业经济增长方式和质量得到改善,初步实现了煤与非煤齐头并进的目标。

根据山西省统计局统计资料,2011年山西煤炭产业实现非煤收入3466亿元,比2010年增加1327亿元,增幅为62.03%,比2005年的203亿元增长了17.07倍。"十一五"期间山西省煤炭行业的非煤产业固定资产投资总额达到925亿元,比"十五"期间增长9.23倍。2011年非煤项目完成455.45亿元,比2010年增加36.29亿元,增幅8.6%。山西煤炭行业煤与非煤齐头并进的发展新格局已经形成,山西煤炭产业经济增长方式和质量实现了扭转。

7.1.3 产业循环经济得到发展

在小煤矿进行煤炭开采的过程中,其往往忽略其他共生和伴生矿物的开采、加工和利用,造成资源的浪费。我国煤系共生、伴生20多种矿产,目前绝大多数没有得到利用。将煤矿企业所开采的同样质量的煤炭放在一起,我们很难分辨出哪些是节约资源开采的,哪些是浪费资源开采的，但结合煤炭的产业链分析，会发现一些的周围是被丢弃了80%的资源，而另一些的周围是和它一样被开采出的煤炭和煤炭副产品。

通过以实现资源综合利用和生态环境保护为路径的政策演进，山西煤炭产业政策形成了以发展循环经济为主要内容的政策体系。在政策体系的作用下，山西煤炭产业从企业小循环入手，通过产业的横向关联和纵向耦合，实现了向企业集群大循环的拓展，提升了煤炭资源的转化率和利用率。

山西煤炭产业以可持续发展为目标，通过循环经济建设实现了对产业可持续发展能力和竞争力的提升。在政策引导下，山西煤炭产业循环经济得到快速发展，国有重点煤炭集团的14个循环经济园区已初具规模，成为煤炭工业新的经济增长点。循环经济为山西煤炭产业构建"以煤为基、多元发展"的煤炭产业发展体系奠定了坚实的基础。煤化工产业实现了新型化发展，以肥、醇、炔、苯、焦油为主的煤化工产业链初步形成；煤制油、煤制甲醇、煤制烯烃等现代煤化工产品研制和开发开始实施；通过以"以抽促用、以用促采"为原则，大力发展以煤层气抽采技术应用为核心的清洁能源利用技术，使煤层气开发和利用初具规模。以同煤集团、山西焦煤、阳煤集团、潞安集团、晋煤集团为代表的五大集团的循环经济园区成为全国煤炭行业循环经济的典范，循环经济已成为山西煤炭产业绿色转型和可持续发展的主要途径。

7.1.4 生态治理和环境保护得到落实

通过以实现资源综合利用和生态环境保护为路径的政策演进，山西煤炭产业政策形成了以生态治理和环境保护为主要内容的产业政策体系。以产业政策体系为指导，山西煤炭产业大力完善"事前防范、过程控制、事后处理"的环境治理和生态保护制度，加大资金投入和重点工程建设力度，保证了生态治理和环境保护的落实，为实现山西省生态环境的根本性好转奠定了基础。

在生态治理方面，山西煤炭行业在政策的支持下，加大资金投入力度，以开展防风固山、水源保护、边坡防护和复垦绿化等为重点措施，实现了对矿区生态环境的改善。

以总部位于太原市的山西焦煤集团为例,2001—2010年间,为矿区生态恢复和治理共计投入资金27.4亿元,环境绿化投入资金达8.7亿元,绿化面积超过14万亩(表7-4);通过对煤矸石的综合利用,对原有的矸石山采取科学规范治理、绿化复垦等措施,实现了在有效消除矸石自燃现象的同时,对"废料"的二次利用,2010年,山西焦煤集团完成矸石山综合治理1200亩,大大改善了矿区及周边生态环境;通过以"租沟—排矸填沟—造地复垦—返还农民"模式替代"征地—排矸—覆盖治理"模式,实现了企业和村民的共同发展,为村民创造了大量的可耕用土地,实现了从2004年之前的0到2010年的100%的综合利用率的提升(表7-5)。

表7-4 山西焦煤集团绿化资金和生态恢复、治理资金投入　单位:亿元

年份	2001	2002	2003	2004	2005	2006	2007	2008	2009	2010
绿化投入	0.1	0.2	0.6	0.7	0.6	0.8	1	1.3	1.4	2
生态恢复、治理投入	0.8	1	1.3	1.4	1.7	2.1	2.6	3.8	5.1	7.6

资料来源:山西焦煤集团公司社会责任报告

表7-5 山西焦煤集团煤矸石综合利用率(%)

年份	2004	2005	2006	2007	2008	2009	2010
煤矸石综合利用率	0.00	75.50	75.30	77.00	77.70	77.70	100.00

资料来源:山西焦煤集团公司社会责任报告

通过对以促进产业可持续发展能力提升为目标的山西煤炭产业政策体系的不断完善,在政策体系的影响作用下,山西煤炭产业开始走向了高效集约化的可持续发展道路,基本实现了对建设资源节约型、环境友好型社会诉求的回应。

7.2 政策演进与煤炭产业安全绩效

山西煤炭产业政策以促进产业实现安全发展为演进目标，通过构建政府部门对煤矿企业的规范化安全监督管理机制、加强对企业安全生产设备设施建设与投入管理、强化长效培训机制的建设、强化煤矿企业自身安全管理能力提升一系列煤炭安全发展政策法规体系的制定和实施，形成了完整的煤炭产业安全发展政策体系，基本实现了对煤炭产业发展过程中产生的负外部性的规制，山西煤炭产业安全生产能力得到提高，安全生产形势得到大幅改善。政策演进的发生，对安全投入的落实、培训机制的完善以及政府部门对企业的规范化安全监督管理的强化3个方面起到了很好的促进作用，并实现了安全生产形势的好转。

7.2.1 安全投入得到落实，安全生产能力得到提升

煤炭产业通过进行合理的安全投入以保证煤矿安全生产条件是煤炭产业提升安全生产能力以实现安全发展的基本要求。在政策的作用下，山西省煤炭产业通过产业政策规制，保证了安全投入的加大和落实，为通过安全生产能力的提升以实现安全发展创造了良好的条件。

2005年以来，全省煤炭产业累计投入用于矿井主要通风设备的更新改造66亿元、完善和改造矿井瓦斯监测系统与抽放系统109亿元、防治煤与瓦斯突出28亿元、防灭火18亿元、防治水24亿元、机电设备安全防护设施90亿元、供配电系统安全防护设施44亿元、矿井运输系统安全防护设施72亿元、综合防尘系统10亿元、其他与煤矿安全生产直接相关支出208亿元。特别是2011年全省煤矿建设完成固定资产投资920.67亿元，比上年增加463.45亿元，增幅101.36%，是2005年163.38亿元的5.6倍。这些设备设施的建设，为山西煤炭产业安全生产能力的提升奠定了基础。

7.2.2 培训机制得到完善

在加大安全投入的同时，通过政策约束，强化安全培训机制的建

立,山西省煤炭产业构建了以政府、企业培训为主,以社会监督为辅助手段的行业培训体系,长效培训机制得到完善,为煤炭企业安全生产能力的提高奠定了基础。

7.2.3 政府部门的规范化安全监督管理得到强化

通过将在省经贸委管理下的山西省煤炭工业管理局升格为煤炭工业厅,形成以煤炭工业厅为主,安全、资源、环保、林业等职能部门共同参与的煤炭行业管理新格局,实现了煤炭行业管理由偏重生产管理向建设、生产、安全、经营全过程监管的转变,保证了山西煤炭产业全过程安全监察体系的建立,为对煤炭企业安全生产进行长效监督管理创造了条件,从侧面对煤炭企业安全生产能力的提升起到了促进和强化作用。

7.2.4 安全生产形势得到改善

2011年山西省煤矿发生事故54起,比2005年下降了67.3%;煤炭生产百万吨死亡率为0.085,比2005年下降了90%,是全国平均水平0.564的15%(表7-6)。山西煤炭行业通过以安全生产为目标的煤炭产业政策的演进,形成了完整的产业安全政策体系,在政策的作用下,安全生产形势得到明显改善。

表7-6 山西省2004—2011年煤矿百万吨死亡率 单位:人/百万吨

年份	2004	2005	2006	2007	2008	2009	2010	2011
百万吨死亡率	0.980	0.845	0.783	0.748	0.462	0.328	0.188	0.085

数据来源:山西省煤炭工业厅

7.3 山西煤炭产业政策演进绩效综合评价

通过对山西煤炭产业政策演进的可持续发展和安全发展绩效进行评价,实现了对山西煤炭产业政策演进路径对政策演进目标实现程度的分析。但在山西煤炭产业政策的演进过程中，由于存在着政府、政策直接对象以及社会中其他政策间接对象之间的博弈，因此，山西省煤炭产业政策演进过程中的政策目标、政策重点以及政策方式很大程度上不仅是政府和产业发展的需要，也是博弈结果的一种体现。同时，由于政策资源的有限性，在政策过程中不可能实现对所有产业政策相关者的均衡考虑，造成了政策对不同层面、不同问题的不同影响。因此，通过构建包含政府、社会、企业三个层面的政策演进绩效综合评价指标体系，对山西煤炭产业政策演进绩效进行多层面综合评价，可以对在政策演进过程中由于政策目标重点的不同带来的整体效应和现有政策演进的政策目标重点的合理性进行研究，为未来产业政策的制定与实施提供更加全面的理论依据。

本研究根据需要，采用层次分析法对山西煤炭产业政策演进绩效进行研究与评价，为保证评价的准确性和科学性，在建立评价指标体系时，构建了包括政府、社会和煤炭企业3个层面的11个二级指标。通过专家评分得到二级指标的评分，根据AHP法计算得到各二级指标权重，通过累加计算得出总的煤炭产业政策演进总评分值。

7.3.1 评价方法

政策评价涉及众多需要专家评价的定性与定量结合指标，在研究中采用层次分析法作为分析方法。

层次分析法是一种广泛用于管理与决策的多目标决策方法，是通过建立评价指标体系以及专家决策咨询建立判断矩阵，对判断矩阵进行求解并把定性的决策转化为定量决策的过程。层次分析法一般划分为目标层、准则层、方案层，利用矩阵把要解决的问题通过要实现的目标、判断标准、可供选择的方案联系起来，进行求解以获得定量结果。方法主要用于可获得的定量数据少，涉及针对多个政策且又需要做出定量分析的综合性评价。因此，本章研究采用层次分析法。

7.3.2 评价指标构建及说明

根据已选取的评价方法，综合考虑政府、社会、煤炭企业3个层面

的共同利益,建立山西煤炭产业政策演进评价指标体系(详见表7-7):

(1) 煤炭企业层面的评价指标主要包括:煤炭安全生产投入的增长,煤炭企业安全能力的提升,煤炭企业生产方式的改善,煤炭资源综合利用能力的提高。

(2) 社会层面指标主要是通过煤炭产业政策的实施来达到对社会关注的问题的改善和对污染的控制。社会层面指标包括:产业职工职业健康保护的改进,环境的改善,社会福利的改善。

(3) 政府层面指标主要包括:煤炭安全形势的改善,煤炭产业集中度的提升,煤炭矿区生态的改善,非煤产业的发展能力。

表7-7 山西煤炭产业政策演进评价指标体系

煤炭政策评估体系 A	煤炭企业 B_1	煤炭企业安全投入的增长 C_{11}
		煤炭企业安全能力的提升 C_{12}
		煤炭企业生产方式的改善 C_{13}
		煤炭资源综合利用能力的提高 C_{14}
	社会效益 B_2	产业职工职业健康保护的改进 C_{21}
		环境的改善 C_{22}
		社会福利的改善 C_{23}
	政府(目标)B_3	煤炭安全生产形势的改善 C_{31}
		煤炭产业集中度的提升 C_{32}
		煤炭矿区生态的改善 C_{33}
		非煤产业的发展能力 C_{34}

7.3.3 评价指标数据的获取与处理方法

由于本研究的评价指标体系是针对整个政策体系演进的综合评价,因此,所有指标评分均通过行业专家打分的方式来进行。通过对专家的咨询，发放问卷25份，回收22份，其中有效答卷20份（表7-8），在研究中将专家评价数据的平均值作为定量分析的原始数据。

表7-8 煤炭产业政策演进绩效专家评分表

指标	C_{11}	C_{12}	C_{13}	C_{14}	C_{21}	C_{22}	C_{23}	C_{31}	C_{32}	C_{33}	C_{34}
专家一	82	87	81	78	83	79	81	83	92	75	78
专家二	84	83	78	83	81	87	85	84	88	86	71
专家三	87	80	70	78	72	92	84	86	95	77	76
专家四	83	82	77	82	71	84	73	90	93	82	79
专家五	89	76	80	79	74	83	78	86	84	72	74
专家六	91	79	70	81	72	87	73	78	82	83	78
专家七	84	80	68	80	81	86	75	89	92	78	76
专家八	91	77	74	82	77	79	83	86	91	84	71
专家九	83	79	77	85	78	85	81	87	83	82	65
专家十	87	82	74	80	73	83	81	82	89	76	77
专家十一	81	78	78	72	71	88	75	80	88	85	76
专家十二	87	77	79	83	73	87	83	82	93	79	78
专家十三	80	79	71	77	71	89	82	84	92	85	69
专家十四	86	82	79	75	77	83	78	89	93	81	77
专家十五	84	77	80	82	72	88	83	89	89	82	79
专家十六	81	78	72	80	74	80	85	85	92	78	74
专家十七	85	75	75	81	75	85	82	85	88	78	80
专家十八	80	88	74	80	76	84	80	84	91	79	75
专家十九	92	85	70	78	81	87	84	82	96	84	70
专家二十	84	76	72	77	76	82	74	85	90	74	77
平均分	85	80	75	80	75	85	80	85	90	80	75

7.3.4 政策演进绩效评价

(1) 构造判断矩阵

将每一层次各因素的相对重要性通过采用数值的形式表示出来，通常取1，2……9及它们的倒数作为标度，其标度含义即判断矩阵表示针对上一层次某要素，对同一层次要素两两比较，可建立起一个n阶判断矩阵，计算最大特征值和其对应的特征向量。标度含义见表7-9。

表7-9 判断矩阵标度及其含义

判断尺度（B_{ij}）	含义
1	B_i和B_j同样重要
3	B_i比B_j稍微重要
5	B_i比B_j明显重要
7	B_i比B_j强烈重要
9	B_i比B_j极端重要
2、4、6、8	介于上述两个相邻判断尺度中间值

(2) 对指标矩阵进行一致性检验

由于受各种主观因素的影响，需要检查矩阵的一致性，须计算一致性指标CI：CI=（λmax-n）/（n-1），其中λmax-n为矩阵最大特征值。当CI=0时，判断矩阵具有完全一致性，λmax-n愈大，CI就愈大，意味着判断矩阵的一致性就越差。为了检验判断矩阵是否具有满意的一致性，需要将CI与平均随机一致性指标RI（Random Index）进行比较。RI的取值见表7-10。

表7-10 RI取值表

阶数 n	1	2	3	4	5	6	7	8	9
RI	0.00	0.00	0.58	0.9	1.12	1.24	1.32	1.41	1.45

只有判断矩阵的一致性比率CR=CI/RI<0.1时，此判断矩阵才具有满意的一致性，否则需要对判断矩阵进行调整。

(3) 权重计算

依据以上理论阐述，通过构造判断矩阵和对指标矩阵进行一致性检验，进行权重计算。计算结果如表7-11至表7-14所示：

表7-11 方案层判断矩阵及权重

A	B_1	B_2	B_3	w_A
B_1	1	1/5	1/3	0.3583
B_2	5	1	3	0.1042
B_3	3	1/3	1	0.5375

一致性检验：λ_{max}=3.0385，CI=0.1193，CR=0.0332<0.1

表7-12 企业层面指标判断矩阵及权重

B_1	C_{11}	C_{12}	C_{13}	C_{14}	w_{B1}
C_{11}	1	2	5	3	0.4723
C_{12}	1/2	1	4	2	0.2854
C_{13}	1/5	1/5	1	1/3	0.0727
C_{14}	1/3	1/2	3	1	0.1697

一致性检验：λ_{max}=4.04746，CI=0.01582，CR=0.0176<0.1

表7-13 社会层面指标判断矩阵及权重

B_2	C_{21}	C_{22}	C_{23}	w_{B2}
C_{21}	1	1	1	0.429
C_{22}	1	1	3	0.429
C_{23}	C23	C23	1	0.142

一致性检验：$\lambda_{max}=3$，CI=0，CR=0<0.1

表7-14 政府层面指标判断矩阵及权重

B_3	C_{31}	C_{32}	C_{33}	C_{34}	w_{B3}
C_{31}	1	2	5	3	0.4723
C_{32}	1/2	1	4	2	0.2854
C_{33}	1/5	1/2	1	1/3	0.0727
C_{34}	1/3	1/2	3	1	0.1697

一致性检验：$\lambda_{max}=4.04746$，CI=0.01582，CR=0.0176<0.1

7.3.5 评价结果

定义评价结果V=（优，良，中，差）=（100，80，60，40），根据专家打分，分别确定C_{11}—C_{34}评价指标评分分别为（85，80，75，80，75，85，80，85，90，80，75）。

根据上述指标的权重及评分，计算结果为：山西煤炭产业政策演进绩效综合评分为V=83.07。演进绩效综合评价等级介于优和良之间。

从评价结果来看，山西煤炭产业政策演进的总体绩效良好，但在一定程度上仍然存在着政策改善空间，这一结论也从侧面验证了山西煤炭产业演进过程中政策问题的存在。

7.3.6 结果分析

基于对评分情况和各单项指标的计算结果的分析，对山西煤炭产业政策进行综合、全面的评价，是科学研究山西煤炭产业政策演进的必要环节。尽管山西煤炭产业政策演进过程中取得了很好的成效，但从前文中的评分情况与各单项指标计算结果来看，仍然存在着不少问题，主要体现在以下7个方面。

（1）从单项评价来看，对产业政策演进绩效的总体得分产生较大消极影响的指标包括：煤炭生产方式的改善C_{13}、职业健康保护的改进C_{21}、非煤产业的发展C_{34}。3项指标得分均为75分，为所有指标中得分最低的指标。这一现象的存在，表明政府层面、社会层面和企业层面都存在得分较低的指标。

（2）尽管在政策上对煤炭企业进行技术改造的要求不断提高，但煤炭产业生产方式的改进仍然比较缓慢，造成生产技术落后。这一现象的存在，说明由于政策的长效性不强，导致煤炭企业在无法得到政策的可靠保障时，在短期利益影响下，更加注重煤炭的开采，而不会过多考虑开采过程中的效率提升和技术水平的提高。因此，需要从政策的长效性上进行改善。

（3）虽然在政策上强调煤炭产业向非煤产业的转换，但进展缓慢，效果不理想。从对政策演进在可持续发展方面的绩效分析来看，在政策的支持下，山西煤炭产业集中度得到提高，产业内主要煤炭企业集团的非煤收入得到大幅度提高。但在非煤收入得到大幅度提高的同时，煤炭企业的非煤产业竞争力不强是非煤产业发展得分偏低的原因。从政策演进的过程来看，主要存在3个方面的政策问题。

首先，通过对山西煤炭产业政策中关于发展非煤产业的政策内容进行分析，可以看出，由于产业政策过分强调煤炭企业向非煤产业的转型和多元发展，但又缺乏对非煤产业发展方式和方向的引导，造成对发展非煤产业的引导性政策短缺和政策的功利性较强。

其次，在政策的约束下，受政治利益影响，主要国有煤炭企业集团为了快速实现向非煤产业的延伸，出现主要向短期效益明显产业拓展的问题，造成主要煤炭企业集团的非煤产业发展不是通过对煤炭传统产业的延伸或以煤炭产业为基础的多元化扩展，而是以贸易和其他技术要求不高的传统产业的发展为主。非煤产业存在板块散、小而全的现象，非煤产业竞争力不强，长期发展能力不足。

第三，股份制和民营煤炭企业集团的非煤收入偏低，这说明由于非煤产业政策上的引导不足，政策的可执行性差，导致股份制和民营煤炭企业对发展非煤产业的积极性不高。

(4) 对煤炭产业从业人员职业健康的保护，是山西煤炭产业健康发展必须要做的。但由于职业健康保护的可观测性差以及职业健康保护的好坏对煤炭产业的短期发展影响不明显，因此，这一社会性指标没有得到政策的有力支持。这一现象，从侧面说明了山西煤炭产业政策演进过程中的功利性和短期性。因此，需要政府从监督管理政策上进行强化，同时注重对政策全面性的考虑。

煤炭企业安全能力C_{12}、煤炭资源综合利用能力C_{14}、社会福利的改善C_{23}、矿区生态恢复C_{33}四项指标得分为80分，低于综合得分。从这4个指标的得分情况可以看出：

首先，山西煤炭资源的综合利用能力尚不够理想，这一问题的存在，与缺乏科学的煤炭资源综合利用政策密切相关。山西煤炭产业政策体系中对煤炭资源综合利用做出了明确的规定，但由于政策手段中对资源综合利用方式的相对单一化，致使在政策对产业发展的引导上偏重对传统利用方式的推广，而新型的、更广、更深层的对资源的利用，既缺乏产业技术政策的引导，也缺乏产业结构政策的约束。

其次，社会福利的改善不理想，说明在政策过程中对不显现指标的淡化，也再次证明了政策的功利性和短期性。

第三，矿区生态恢复绩效较差，说明虽然出台了针对矿区生态恢复的很多政策，但由于在政策的时滞性、生态恢复的长期性以及对生态恢复的巨大投入的约束下，造成绩效的不显现。生态恢复作为一项主要的政策目标，应在政策执行过程中注重其长效性和强制性。

第四，煤炭企业安全生产能力较差，从侧面验证了虽然安全设备的投入能够短期内解决安全生产问题，但长期来看其存在效力不足的问题，安全生产能力的提升更多的是需要综合性政策的落实，是一项复杂的、系统性工程。

(5) 煤炭安全投入增长C_{11}、环境改善C_{22}、煤炭安全生产形势改善

C_{31}三项指标获得85分,煤炭产业集中度C_{32}指标达到90分,均高于综合得分。说明山西省在推行煤炭安全生产与煤炭相关的环境治理、煤炭产业规模化方面取得了良好的成效。这一结果与山西煤炭产业政策演进过程中的主要路径相吻合,同时,也说明在政策演进过程中,政府层面的指标得到很高的重视,短期内可以带来政治利益的指标得到重视。

首先,从对涉及产业规模化发展的政策内容来看,这些政策都是以强行政性为特点的强制性政策,在政策的强行政性特点的影响下,实现了兼并重组工作的快速进行,短期内产业集中度得到较大提高,但政策的实施容易造成政策过程中不公平性的存在和个人腐败的发生。

其次,安全生产形势改善和环境改善是安全发展和可持续发展的直接体现,因此,受政府考核方式和重点改变的影响,在政策过程中得到地方政府的高度重视,保证了安全生产形势和环境的快速改善,从侧面说明政策的功利性强。

(6)从表7-15中的单项评价综合权重来看,一些对评价绩效非常重要的指标得分较低,而且其综合权重也低,大大影响了煤炭产业政策演进的总体绩效。首先,以社会福利的改善程度为典型代表,其不仅得分为80分,综合权重也仅为0.0148(综合权重等于准则层权重*指标层权重),赋值过低,从侧面说明了政府和社会对其重视程度的不足。其次,从准则层权重赋值来看,对政府与企业类的指标赋值较高,分别为0.5375、0.3583,而作为评判政策演进实施绩效重要指标的社会类指标权重赋值仅为0.1042,说明社会类指标未能得到应有重视。对指标的分析,说明政策演进过程中对社会性指标重视程度不够。

表7-15 指标判断矩阵及权重

单项指标	得分	准则层权重	指标层权重	综合权重
煤炭企业安全投入的增长 C_{11}	85	0.3583	0.4723	0.1692
煤炭企业安全能力的提升 C_{12}	80	0.3583	0.2854	0.0926
煤炭企业生产方式的改善 C_{13}	75	0.3583	0.0727	0.0260
煤炭资源综合利用能力的提高 C_{14}	80	0.3583	0.1697	0.075

续　表

单项指标	得分	准则层权重	指标层权重	综合权重
产业职工职业健康保护的改进 C_{21}	75	0.1042	0.429	0.0447
环境的改善 C_{22}	85	85	0.429	0.0449
社会福利的改善 C_{23}	80	0.1042	0.142	0.0148
煤炭安全生产形势的改善 C_{31}	85	0.5375	0.4723	0.2539
煤炭产业集中度的提升 C_{32}	90	0.5375	0.2854	0.1534
煤炭矿区生态的改善 C_{33}	85	0.5375	0.0727	0.0391
非煤产业的发展能力 C_{34}	75	0.5375	0.1697	0.0914

（7）综合上述分析，说明，山西煤炭产业政策演进绩效体现的是各利益主体利益相对一致性的结果。在演进过程中，受到政策资源的限制以及政策主体、政策直接客体对象、社会中其他政策间接对象之间的博弈的影响，造成政策目标重点出现局部偏差、政策的功利性强、重视政策短期效应而轻长期效果等问题，但在宏观环境的作用下，基本实现了对政府层面目标的回应。

7.4　本章小结

本章以山西煤炭产业政策演进目标为依据，对山西煤炭产业政策演进的可持续发展和安全发展绩效进行了分析。在此基础上，通过构建山西煤炭产业安全规制政策评价模型，实现了对影响煤矿安全生产的因素影响作用的定量分析。以分析结论和寻租理论为理论依据，对山西煤炭产业以安全生产为目标的安全政策进行了比较研究。最后，考虑到政策资源的有限性和政策过程中的博弈行为的存在，为保证对山西煤炭产业政策演进效应分析的全面性，构建山西煤炭产业政策演进绩效综合评价指标体系，对山西煤炭产业政策演进绩效进行了综合评价。

首先，通过对山西煤炭产业政策演进的可持续发展绩效和安全发展绩效进行分析，发现政策的演进为山西煤炭产业实现可持续发展和安全发展产生了促进作用，在政策演进的促进下，山西煤炭产业实现了可持续发展和安全发展能力的提升。

其次，通过应用层次分析法构建包括政府、社会、煤炭企业3个方面11个二级指标的山西煤炭产业政策演进绩效综合评价指标体系，实现了对山西煤炭产业政策演进绩效的综合评价。研究表明，山西煤炭产业政策演进绩效综合评价等级为良好，但由于受到政策资源有限性和政策过程中博弈行为的影响，政策演进过程中存在政府目标过重、短期利益目标偏重以及社会效益目标重视程度不足、长期效应目标偏轻等政策目标重点局部偏差问题。

第8章　高质量发展与山西煤炭产业政策优化

2013年召开的"十八届三中全会"提出"紧紧围绕使市场在资源配置中起决定性作用深化经济体制改革,加快转变经济发展方式,加快建设创新型国家,推动经济更有效率、更加公平、更可持续发展"的要求。这也成为山西煤炭产业发展的新的风向标。自此,山西煤炭产业的发展进入了一个机遇与风险并存的矛盾期。不断深化改革、创新发展,推动煤炭产业实现内涵式、高质量发展成为新时代背景下的山西煤炭产业发展的首要任务。

与此同时,煤炭产业政策的调整和优化,为山西煤炭产业实现健康、科学地发展奠定了坚实的基础。从政策和经济社会环境的相互作用关系来看,政策在影响经济社会发展的同时,一定会随着新的经济社会环境的出现开始新的变迁。因此,从高质量发展的内涵和高质量发展阶段的山西煤炭产业发展状况和政策趋势出发,结合对过往的,尤其是对快速发展和转型发展阶段的山西煤炭产业政策演进效果的分析,实现对未来山西煤炭产业政策演进的优化提供建议,是本章的主要目的。

8.1　高质量发展理念下的山西煤炭产业问题

受到前一阶段的煤炭资源重组与整合政策的影响,山西煤炭产业形成了以五大集团(山西焦煤集团、大同煤业集团、晋城煤业矿业集团、阳泉煤业集团和潞安集团)为主导的新的产业格局(表8-1)。五大集团作为山西煤炭产业的代表性企业集团,既是产业发展的风向标,也是山西省委、省政府着力推动煤炭产业转型的典型样本。因此,在该阶段关于产业发展的研究中,主要以山西煤炭产业五大集团的发展为研究对象。

表8-1　全省煤炭产业及五大煤炭集团销售收入及利润(单位:亿元)

年份	全省				五大煤炭集团			
	销售收入	煤炭收入	非煤收入	利润	销售收入	煤炭收入	非煤收入	利润
2010	5441.00	3302.00	2139.00	320.00	3604.02	1558.25	2045.77	177.34
2011	8133.00	4667.00	3466.00	382.00	5550.46	1957.96	3592.50	198.15
2012	11870.00	4126.00	7744.00	278.71	8554.94	2091.57	6463.37	119.23
2013	14178.00	4023.91	10154.09	232.28	10090.70	1831.79	8258.91	45.75
2014	14394.66	3210.09	11184.57	14.03	10974.65	1521.45	9453.20	29.00
2015	11819.75	2156.67	9663.08	-94.25	9366.93	1122.33	8244.60	5.37
2016	10490.10	2408.17	8081.93	16.95	8130.66	1208.87	6921.79	11.37
2017	10536.44	3535.35	7001.09	320.00	7943.08	1924.45	6018.63	102.91
2018	11879.10	4313.40	7565.70	529.40	8754.67	2113.31	6641.36	65.07

数据来源:山西省能源局

8.1.1　负债逐年增长,制约煤炭板块盈利能力进一步提升

煤矿兼并重组、产业链延伸、项目新建等不同时期的投资扩张,以及融资渠道单一、企业办社会负担等现实,挤占和消耗了煤炭产业多年形成的资本积累,导致企业集团的整体负债率不降反增。该问题的存在,不仅加大了企业的经营压力和经营风险,而且严重影响煤炭主业技术升级投入,现代化矿井建设缓慢,制约了煤炭主业竞争力水平的进一步提高。

以2017年1—10月为例,五大集团实现销售收入6414.16亿元,实现

利润49.25亿元，其中煤炭主业收入1568.64亿元，实现利润82.42亿元，销售利润率分别为1%和6%。五大集团的煤炭产量占全省产量的48.9%，但五大集团累计实现利润仅占全省煤炭企业实现利润233.67亿元的21%，更远低于全国90个规模以上煤炭集团10%左右的销售利润率（1—9月10.4%）。

8.1.2 产业链延伸发展体制机制滞后，进入新产业的前期准备不足

煤炭企业由于在不熟悉领域的人才储备、技术研发、市场意识、管理经验等方面相对缺乏，造成顶层决策难度加大、项目建设周期延长、存量资产经营亏损等问题频发。造成短期内非煤产业的投资无法满足企业集团降低负债和提升盈利能力的需求，甚至出现不断加剧企业负担的状况。

以山西省煤炭产业五大集团与其他专业类企业的焦化和煤化工板块的横向比较为例。在工艺、装置、产品等相近的企业中，五大集团参股或相对控股，或者省外企业原有团队为管理主体的公司，经济效益明显好于集团控股或全资的子公司，或者没有可依托管理主体的新组建公司，甚至盈利能力较强。比如：在2014—2016年期间，山东联盟化工股份有限公司三年利润分别为2.51亿元、2.88亿元和0.93亿元，湖北三宁化工三年利润分别为8亿元、12.38亿元和9.6亿元，山东恒通三年利润分别为1.66亿元、3.19亿元、3.98亿元，齐鲁一化三年利润分别为1.16亿元、1.05亿元、-0.38亿元。但五大集团全资、绝对控股或依靠自身团队管理的相关类企业盈利能力极差。

8.1.3 产业板块集中度低，附属产业产品同质化严重

伴随着前一阶段的煤炭资源重组工作的完成，截至目前，山西省全省现有生产和基建矿井1020座，产能14.2亿吨，现有煤矿管理主体企业131个和单独保留矿井38座。煤炭产业结构性矛盾突出，煤矿主体企业数量和煤矿数量仍然偏多。从现有统计数据看，2015年山西省煤炭产量与内蒙古相当，煤矿数量是内蒙古的2倍；五大煤炭集团所属332座煤矿

产量之和仅与神华集团74座煤矿持平；大集团煤矿布局分散、地域交叉、管理层级冗余，尚未形成"一个矿区一个开发主体"的格局。同时，从山西煤炭产业五大煤炭集团的产业构成来看，同样存在着较为严重的产业板块不集中，集团之间的附属产业同质化等问题。

以五大集团中的一些附属板块的资产构成和盈利能力为例。截至2017年10月底，五大集团建筑建材地产板块资产和利润分别为：同煤集团67.9亿元和-1.02亿元；焦煤集团166.5亿元和797万元；阳煤集团197.2亿元和8617万元；晋煤集团78.4亿元和5115万元；潞安集团81.5亿元和1809万元；截至2017年10月底，五大集团装备制造板块资产和利润分别为：同煤集团42.5亿元和-508万元；焦煤集团63.3亿元和269万元；阳煤集团49.1亿元和-7276万元；晋煤集团99.1亿元和6035万元；潞安集团47.3亿元和-278万元。而这种资产占用和盈利水平不平衡的现状，在其他产业板块中也同样存在。

产业板块不集中、附属产业产品同质化问题，使同为山西省煤炭产业重点企业的五大煤炭集团在相同产业、相同产品发展过程中的人力资源配置、技术研发力量发挥、市场话语权集中等方面难以形成有效合力。

8.1.4 兼并重组过程中的资金的投入和占用量过大，竞争力下降

按照山西省委、省政府的部署安排，山西煤炭产业中的国有五大煤炭集团是山西煤炭资源重组过程中的主要主体。这一决策和部署，为山西高效、快速地完成煤炭资源重组工作创造了条件。据山西省能源局统计，截至2017年10月底，山西煤炭产业中的五大集团在兼并重组过程中共计整合186座矿井，生产能力为16915万吨。其中：已经进入生产的矿井73座，能力是6895万吨；正在建设的矿井24座，能力2175万吨；已进入联合试运转的7座，能力660万吨；已经验收正在领证的13座，能力975万吨；停缓建矿井48座，能力4290万吨；未批开工矿井21座，能力1920万吨。

从整合过程中的资金投入看，截至目前，五大集团整合矿井已投入

资金948.54亿元，其中：已支付补偿资金347.28亿元，投入建设改造资金601.26亿元。但从收益看，五大集团已投入生产的资源整合矿井在2014—2016年度利润分别为–22.83亿元、–26.79亿元、–39亿元，2017年1—10月份为–4.88亿元。

从以上数据可以看出，五大煤炭集团在实施煤炭资源整合过程中，存在着较大的高投入和低收益问题。这一问题的存在，其直接影响就是大幅降低了五大集团的市场竞争力，不利于其长期发展。

8.1.5 科技创新能力不足，煤炭产业转型升级难度大

资源和生产要素的低效率配置严重制约着行业可持续发展。科技投入不足、创新人才匮乏、科技成果转化率不快不高、消化吸收和自主创新能力不强，对煤炭产业和以煤为基相关产业的支撑能力不足；部分核心技术未能取得大的突破，各级技术中心创新能力及建设有待提高，大型煤炭企业与地方煤炭企业之间科技水平存在较大差距，一些科技创新项目高度、深度不够，大多数科技成果局限于从技术到研究技术，从问题到研究问题。

8.2 高质量发展与山西煤炭产业的未来

伴随着世界经济和能源格局的深刻变化，世界经济在深度调整中曲折复苏、增长乏力，主要经济体走势和宏观政策取向不断分化，全球贸易持续走低，大宗商品价格出现大幅波动，新兴经济体困难和风险明显并持续加大。能源供求关系持续缓和，能源供给格局多极化，消费重心加速东移。与此同时，欧洲能源结构调整步伐加快，煤炭消费量呈现出逐步降低态势。新能源和可再生能源得以快速发展，能源发展低碳化趋势日渐明显。能源科技创新加速推进，以信息化、智能化为特征的新一轮能源科技革命蓄势待发。

在世界格局不断变化的进程中，我国经济发展也进入了新常态。经济发展从高速增长转向中高速增长，呈现出向形态更高级、分工更优

化、结构更合理阶段演化的趋势。在经济增速趋缓、经济转型升级加快，供给侧结构性改革力度加大等因素的共同作用下，我国能源消费强度大幅降低。与此相伴的是，我国环境承载能力已经达到或接近上限。在绿色低碳发展理念和大力调整能源结构的背景下，煤炭消费比重不断下降，煤炭需求增长空间有限。但从我国能源发展的趋势看，在未来一段时期，煤炭仍是我国的主体能源，也是保障我国能源安全的基石。"一带一路"、京津冀协同发展、长江经济带等国家战略的实施，给经济增长注入了新动力，也为煤炭行业转变发展方式、转换发展动力创造了有利条件。

成之于煤而不困之于煤，依靠资源更要超越资源。如何依托、借力、升华、蜕变煤炭产业优势，使之成为山西省工业化资本的主要来源和工业化发展的主要动力，是山西煤炭产业发展的现实难点。山西作为典型的资源型经济地区，煤炭产业面临着产能过剩、企业经营困难和煤炭产业管理体制机制不完善等诸多挑战。山西煤炭产业促转型、调结构、增动能的任务艰巨。而随着国家资源型经济转型综合配套改革试验区的全面推进，以及煤炭供给侧结构性改革和化解煤炭过剩产能举措的不断实施，为推进煤炭产业脱困发展和转型升级、打造国家综合能源基地提供了强大动力。在新时代这一背景下，向改革要效益，通过改革减少乃至消灭山西煤炭产业亏损源，提高产业全要素经济效益和效率，全方位降本提质增效是山西煤炭产业发展的未来方向和主要目标。

8.2.1 优化产业组织，推动混合所有制改革

立足于煤炭产业的整体性发展，摒弃国有绝对控股的传统思维，全面推进煤炭产业混合所有制改革，做到能混尽混，应改尽改，实现山西煤炭产业的内、外部股权多元化，是山西煤炭产业发展的未来路径。

引导煤炭企业和其他产业企业通过相互入股、资产置换等方式，实现山西煤炭企业，尤其是大的煤炭集团间的主要非煤产业板块的重组整合。如装备制造、建筑地产板块，引导确立重组主体，推动实施产业集中升级工程；对于效益较好，且有利于煤炭产品附加值提升的战略性煤与非煤板块，通过转让部分国有股权，引进战略投资者，降低山西煤炭

企业集团的负债水平。

8.2.2 改善发展环境，鼓励产业创造性发展

为保障煤炭产业的健康、可持续发展，宽松的发展空间成为必备条件。消除发展过程中的瓶颈，给产业发展创造健康、宽松的外部环境，是山西煤炭产业改革的未来方向。

为解决煤炭产业发展过程中的融资瓶颈，在不涉及控股权的前提下，加速研究并出台煤矿企业土地、采矿权等资产证券化问题，赋予企业对上市公司治理方面更大的操作空间。通过存量资产资本化政策的实施，提升存量资产价值，降低煤炭产业整体债务水平。

健全容错机制，鼓励煤炭企业建立止损退出机制。允许对关联程度不高、技术装备落后、经营扭亏无望的产业板块和企业，按照市场原则，实施退出措施，推动实现山西省经济发展过程中的"腾笼换鸟"工程；制定出台涉及供给侧结构性改革的去产能关闭退出煤矿的债务承接类政策，为其顺利实施提供政策依据。

8.2.3 注重创新体系建设，提升供给体系质量

习近平总书记在党的十九大报告中明确指出，要把提高供给体系质量作为主攻方向。这也成为煤炭行业发展和煤炭去产能工作需要深刻领会和牢牢把握的根本指导思想。2017年，国家发改委副主任连维良在秦皇岛煤炭交易大会期间提出，全面提高煤炭供给体系质量，核心是全面提高煤炭供给的安全、清洁、现代化、低成本和稳定供给水平。

2017年，晋陕蒙宁四省区的煤炭产量占全国煤炭总产量的近70%。现阶段，煤炭市场的供需格局发生剧变，围绕四省区的煤质、煤种以及市场组成，制定并出台政策措施，组建统一的销售平台，以避免市场重新分配过程中的同业竞争的不断加剧，提高市场话语权和竞争力水平，是山西煤炭产业提升供给体系质量的必然选择；基于顶层设计和基层探索相结合，出台分产业、分步骤、分类实施的专业化产业重组类政策措施，构建真正意义上的产权和管理权相统一、人财物和产供销相统一的专业化管理机制，是山西煤炭产业供给侧结构性改革的必然路径；从资

金配套投入、创新资金支持、税收优惠等层面出台鼓励煤炭开采和洗选加工产业实施"机械化、自动化、信息化、智能化"建设的政策体系，是推动山西煤炭产业提升供给体系质量的保障。

总之，煤炭产业是山西经济转型的基础和保障，是山西工业经济的金字招牌。依托品种齐全的煤炭产品、稀缺优质的炼焦和无烟煤资源，在做大山西工业经济总量的同时，形成煤炭产能有增有去、先进产能有序增、落后产能有序去的格局，通过推进煤炭开采和洗选加工过程的机械化、自动化、信息化、智能化建设，提高山西煤炭供给体系质量，提升山西煤炭企业的综合竞争力，是实现山西煤炭产业从规模数量到供给质量的真正意义上的能源革命排头兵的华丽转身的必然选择。通过金融资本与产业资本的融合，重新整合煤炭产业链，打造煤炭交易中心、煤炭期货市场、煤炭金融中心、煤炭技术研发中心、煤炭产业标准制定中心等，提升煤炭产业核心竞争力，使煤炭产业升华为一种与资源有关的元素、符号或品牌，实现煤炭产业的高级化和质态跃迁，是推动山西资源型经济脱胎换骨、走向新生的未来路径。

8.3 优化山西煤炭产业政策演进的建议

通过对前面的研究进行分析，可以看出，山西煤炭产业政策在演进过程中同样产生了许多问题，正是这些问题又为未来产业政策的演进创造了空间。结合山西煤炭产业政策演进过程中的问题，未来，山西煤炭产业政策的演进应主要从以下7个方面进行优化。

8.3.1 演进过程中更加注重政策之间的系统性与前瞻性

山西省煤炭产业政策在以促进产业实现可持续发展和安全发展为目标的动力作用下，尤其是国家资源型经济转型综合配套改革试验区建设的推进，以及供给侧结构性改革的实施，通过沿着不同路径方向的演进，初步形成了系统化的产业政策体系。但通过对山西煤炭产业政策的演进过程和政策构成进行梳理，可以发现政策在演进过程和构成中存在政策之间系统性不强、政策的前瞻性不够等问题，形成政策不断重复和政策快速变迁的现象。这一现象的出现，不仅造成政策过程中的政策资源浪费和政策供给的不足，同时也容易造成政策的短时性和局部性，以及政策间的矛盾性。

任何一项政策的制定与实施都不同程度地存在政策效应的时滞，政策的这一特性，要求在政策演进过程中应更多地关注政策的未来目标，而不是单纯的针对当下问题的救火。因此，针对产业政策未来演进，在政策演进过程中应以更加注重政策之间的系统性和政策的前瞻性为政策演进的主要原则。

8.3.2 演进过程中注重政策问题的全面性

从目前山西煤炭产业政策演进历程来看，其基本以在政策主体思想下的政府强制性变迁为主，对政策需求侧的关注不够，造成政策短缺、政策目标不全面以及政策效力不高，政策调整的实现对产业发展的指导性不强。政策演进很大程度上是为了解决产业中现存的问题，以及国家层面的硬约束。不容忽视的是，对问题的界定过程中，在政府和企业的角度上存在着一定的差异，这一差异的存在必然要求在政策演进过程中，在政策问题的确立上应更加注重对政策需求侧的关注，保证政策问题的全面性。

8.3.3 演进过程中更加注重政策目标的明确性

通过对山西煤炭产业政策演进进行分析，发现在政策演进过程中，由于政策目标重点偏差，造成政策效应不理想；由于政策目标的不明确，造成政策变迁的周期过短，政策重复多。因此，在未来演进过程中应注重政策目标的明确性。

首先，在政策问题确立过程中，应充分尊重产业的发展规律和产业自身的特点，通过从现象发掘原因的方法，探寻现象背后的真实原因，保证政策问题的准确性。

其次，在针对政策问题确立政策目标的过程中，应尊重产业现实状况和经济社会发展现状，注重目标的可实现性和明确性，确保目标能够在政策的作用下得以实现，以促进政策问题的解决。

8.3.4 演进过程中注重政策手段对政策目标的支撑

对山西煤炭产业政策演进和政策内容进行研究可以发现，在政策演进过程以及政策内容中，出现了政策手段对政策目标的歪曲，造成政策的变迁无法完全实现政策目标。因此，在未来政策演进过程中，应在明确目标的基础上，更加注重政策手段对政策目标的支撑和二者之间的匹配度。

首先，在明确目标的情况下，在政策制定过程中，注重对社会现状和产业现状的了解，保证政策手段对政策目标的合理性和政策手段的可用性。

其次，在政策制定过程中，应加强对政策对象和行业专业人士的咨询，充分尊重其所提供的建议，在建议的基础上，结合政策目标要求，制定合理可行的政策。

第三，在政策制定过程中，注重对政策主体权力的约束，保证政策手段的合法性，避免由于政策手段问题造成政策性寻租问题的发生，确保对政策目标的支撑，保证政策目标的实现。

8.3.5 演进过程中重视政策与市场的关系

煤炭产业具有很强的外部性和内部性，因此，单单依靠市场机制的调节无疑会对社会和产业发展带来不利影响，但如果过多强调依靠政府管制来实现对产业的全过程控制，同样会出现政策效力不足，造成政府规制失灵。

从山西煤炭产业政策演进过程来看，过分强调通过政策的调整以解决产业发展中的短期性问题以及市场可控范围内的问题，忽视了政策的长效性以及政策与市场调节之间的平衡性，造成政策调整的频繁和政策效力不足。因此，在未来政策演进过程中，应注重关注问题的特性，对短期性问题和在市场机制下依靠产业自身可以调节的问题应避免进行政策调整，以保证政策调整效用的最大化和政策的稳定性。

首先，在未来产业政策演进过程中，应注重纠正政策规制越位，将政策重点向外部性管制和规范产业秩序方面转变。

其次，为保证政策的科学性，应完善政府规制的法律环境。通过配套制约性政策的演进，实现对政府管制范围的科学界定，使煤炭产业政策演进做到合理化与效用最大化。

第三，通过立法审查机制制度化政策的调整，从立法审查的高度制定更高一级的政策或法律，增强对煤炭产业政策调整的监督，保证政策演进过程中的公正性的实现。

8.3.6 演进过程中强化政策对象的全面性

对煤炭产业政府管理部门的监管缺失是现有煤炭产业政策负外部性产生的一个主要原因。政府部门的监管者承担着煤炭产业发展规划和政策制定的责任，但由于发生寻租行为空间的存在，尤其是现阶段在安全规制政策方面存在的政策性寻租空间，致使政府监管者无视政策的严肃性以及市场与管制之间的协调机制，在政策演进过程中造成政策的效果不理想和很强的负外部性，甚至与产业政策目标背道而驰。

因此，在未来政策演进过程中，应注重政策对象的全面性，对政府监督管理部门和产业内经济实体以及社会相关者进行全面考虑，避免因政策对象的单一化，造成政策效力的不足，保证政策演进效果的实现。应以在政策上加强对政府管理部门的监督为政策演进的主要方向。

8.3.7 注重政策演进周期的科学性和合理性

纵观山西煤炭产业政策演进过程，救火性政策的制定是政策调整的方式之一，造成政策的短期性和快速调整。这一演进过程，对解决突发问题起到了一定的促进作用，但同时也容易形成政策问题，甚至出现对未来产业发展的长期不良影响。任何事物的发展都存在科学合理的周期性，政策演进绝不是针对所有发生问题的不断调整，同时任何一项政策的调整又都存在政策的时滞性。因此，在未来演进过程中应注重对问题的性质的界定和政策效果的及时分析，控制好政策调整和优化的速度和频度，以保证政策演进周期的科学性和合理性。

结合对山西煤炭产业政策演进的分析来看，山西煤炭产业政策的演进过程既是我国和山西省经济社会发展的诉求，也是政策过程中多方博弈的结果的体现。同时，也是政策有限性约束下的政策重点的选择过程。因此，演进过程中同样会产生由于演进而带来的新问题。未来，山西煤炭产业政策的演进应主要在演进过程中更加注重政策之间的系统性与前瞻性、注重政策问题的全面性、更加注重政策目标的明确性、注重政策手段对政策目标的支撑、重视政策与市场的关系、强化政策对象的全面性以及注重政策演进周期的科学性和合理性7个方面进行优化和调整，以实现在政策演进的过程中，为山西煤炭产业实现可持续发展和安全发展创造良好的政策环境空间，为山西煤炭产业走向高质量发展路径提供帮助。

8.4 本章小结

结合山西煤炭资源重组与整合后的产业状况，本章以山西省五大煤炭集团为例，以高质量发展为背景，对高质量发展理念下的山西煤炭产业发展过程中存在的问题和未来发展路径与趋势进行了分析。以此为基础，结合前文对山西煤炭产业政策演进绩效综合评价的研究结论，从7个方面提出了未来优化山西煤炭产业政策演进的建议。

第9章 结论与展望

9.1 研究结论

通过以山西煤炭产业政策演进为研究对象,在科学划分演进阶段的前提下,以产业政策演进中的快速发展与转型发展阶段为主要研究阶段,研究实现了对山西煤炭产业政策演进,尤其是重点阶段政策演进的系统分析。整个研究首先探究了山西煤炭产业政策演进的影响因素、动力机制和演进路径。以此为基础,基于定量分析方法和内容分析法,从微观层面对山西煤炭产业安全规制政策和煤炭资源重组与整合政策的政策效果进行了研究。同时,通过构建政策演进绩效综合评价模型,实现了对山西煤炭产业政策演进绩效的综合评价。最后,研究基于高质量发展理念和供给侧结构性改革对山西煤炭产业发展的要求和影响,以及山西煤炭产业政策在前期阶段演进过程中的成效与不足,对未来政策演进的优化和调整提出了建议。研究结论主要包括以下几个。

(1) 山西煤炭产业政策在国家和山西省经济社会宏观环境变化的影响下,形成了以不同政策目标为重点的政策阶段。按照演进阶段划分的目的、原则及依据,将山西煤炭产业政策演进阶段划分为:初步成形阶段(1949—1978年)、转轨发展阶段(1979—1992年)、市场化培育与发展阶段(1993—2002年)、快速发展与转型发展阶段(2003—2012年)以及高质量发展阶段(2013年至今)5个阶段。以此为基础,明确了论文研究的主要范围为快速发展与转型发展阶段(2003—2012年)。

(2) 在对山西煤炭产业政策演进影响因素进行分析的基础上,采用主成分分析法构建山西煤炭产业政策主导因子分析模型对主导因子进行筛选，发现山西煤炭产业政策演进的主导影响因子是生态环境、安全形势、能源结构和经济增长方式，同时，在影响因素的作用下，形成了以可持续发展和安全发展为主线的山西煤炭产业政策演进空间。主导因子受自身的变化对山西煤炭产业政策演进从不同角度产生影响作用，并为政策演进动力的形成创造了条件。

（3）以能动主义制度变迁理论为基础，对山西煤炭产业政策演进动力机制进行研究。研究发现，山西煤炭政策演进的动力因素既包括来自原有政策势差造成的产业势差所形成的推动力，也包括宏观环境的变化带来的拉动力，二者构成了山西煤炭产生政策演进的动力机制。在动力因素的作用下，山西煤炭产业政策以促进产业可持续发展和安全发展为目标，实现了以促进产业规模化、注重资源综合利用和生态环境保护、构建政府部门对煤矿企业的规范化安全监督管理机制、加强对企业安全生产设备设施建设与投入管理、强化长效培训机制的建设、强化煤矿企业自身安全管理能力提升6个路径方向上的演进，形成了系统化的产业政策体系。新时代背景下，在国家和山西省宏观经济社会环境和发展理念的约束下，山西煤炭产业政策实现了以推动煤炭产业高质量发展和高质量供给体系为目标的深层次变革，并初步形成了与资源型区域转型发展的融合态势。

（4）从政策内容和政策过程中的问题出发，从微观视角，以山西煤炭产业安全规制政策和山西煤炭资源重组与整合为实际研究对象，对山西煤炭产业政策演进过程中存在的具体问题进行探讨和研究。研究发现，一方面，山西煤炭产业安全政策在一定程度上存在重硬件投入、轻安全意识管理方面的问题。同时，从政策内容来看，由于目标和手段的混淆，以及私人利益部门化等现象的存在，政策性寻租问题在该类型产业政策中较为严重。另一方面，在实施煤炭资源重组与整合过程中，部分较为微观的，具体操作层面的政策措施存在理论与实践难以有效结合的问题，并对山西煤炭资源重组与整合工作产生了较大的不利影响。

（5）以山西煤炭产业政策演进目标为依据，对山西煤炭产业政策演进的可持续发展绩效和安全发展绩效进行分析，发现政策的演进为山西煤炭产业实现可持续发展和安全发展起到了很好的促进作用。在政策的作用下，山西煤炭产业实现了在产业布局和产业集中度、产业经济增长质量、产业循环经济建设以及生态环境治理4个方面对可持续发展能力的提高；实现了在煤炭企业安全投入、长效培训机制建设、强化政府监督管理3个方面对安全发展能力的提高，安全生产形势得到好转。

(6) 考虑到政策资源的有限性和政策过程中博弈行为的存在，为保证山西煤炭产业政策演进效应分析的全面性，应用层次分析法构建包括政府、社会、煤炭企业3个层面11个二级指标的山西煤炭产业政策演进绩效综合评价指标体系，实现了对山西煤炭产业政策演进绩效的综合评价。研究表明，山西煤炭产业政策演进绩效综合评价等级为良好，但由于受到政策资源的有限性和政策过程中博弈行为的影响，政策演进过程中存在行政性干预度过高、政策内容对政策目标的扭曲等政策手段问题以及政府目标过重、短期利益目标偏重、社会效益目标重视程度不足、长期效应目标偏轻等政策目标重点的局部偏差问题。

(7) 山西煤炭产业政策通过不断优化和调整，实现了从片面追求产量的产业政策向以促进产业可持续发展和安全发展为目标的系统化产业政策的演进。但受宏观环境和地方层面的微观因素的影响，造成新的政策性问题的存在，并为未来政策演进创造了条件。山西煤炭产业政策未来演进过程中，应主要从更加注重政策之间的系统性与前瞻性、注重政策问题的全面性、更加注重政策目标的明确性、注重政策手段对政策目标的支撑、重视政策与市场的关系、强化政策对象的全面性以及注重政策演进周期的科学性和合理性7个方面进行优化和调整，以实现在政策演进的作用下，为山西煤炭产业实现可持续发展和安全发展创造良好的政策环境空间。

9.2 研究展望

通过以山西煤炭产业政策演进为研究对象，在科学划分演进阶段的前提下，以产业政策演进过程中的快速发展与转型发展阶段为主要研究阶段，研究实现了对山西煤炭产业政策演进的重点阶段的全面分析。展望未来，我国煤炭产业的发展方兴未艾，在宏观环境约束和产业政策的作用下，山西煤炭产业业已走向可持续发展和安全发展的道路，并初步实现了向高质量发展路径的迈进。

对山西煤炭产业政策演进进行研究是一项复杂的系统性工程。因此，从系统化研究来看，本研究仅仅是进行了初步探索。未来，为支撑山西煤炭产业实现完全转型和高质量健康发展，在针对如何合理强化产业政策的作用，以实现产业规范化发展方面和对政策演进动力机制的定量分析方面，可以做更多的调查研究与实证研究，以便为山西煤炭产业政策乃至国家煤炭产业政策的不断改善与优化提供更好的建议。

参考文献

[1]Vencheh A H, Matin R K, Kajani M T.Undesirable factors in efficiency measurement[J].Applied Mathematics and Computation, 2005, 163(2): 547-552.

[2]A.M.Esteves.Evaluating community investments in the mining sector using multi-criteria decision analysis to integrate SIA with business planning[J].Environmental Impact Assessment Review, 2008, 28(4-5): 338-348.

[3]Engels A.The european emissions trading scheme: An exploratory study of how companies learn to account for carbon[J].Accounting Organizations & Society, 2009, 34(3-4): 488-498.

[4]Arrow K J.The economic implication of learning by doing[J].Review of Economics and Stats, 1962, 29(3): 155-173.

[5]Roach B, Wade W W.Policy evaluation of natural resource injuries using habitat equivalency analysis[J].Ecological Economics, 2006, 58(2): 421-433.

[6]Ke Wang, Can Wang, Xuedu Lu.Scenario analysis on CO_2 emissions reduction potential in China's iron and steel industry[J].Energy Policy, 2007, 35(4): 2320-2335.

[7]Carney S, Shackley S.The greenhouse gas regional inventory project (GRIP): Designing and employing a regional greenhouse gas measurement tool for stakeholder use[J].Energy Policy, 2009, 37(11): 4293-4302.

[8]Condliffe S, Morgan O A.The effects of air quality regulations on the location decisions of pollution-intensive manufacturing plants[J].Journal of

Regulatory Economics, 2009, 36 (1): 83-93.

[9]Curry R L, Jr.Mineral-based growth and development-generated socioeconomic problems in Botswana[J].American Journal of Economics & Sociology, 2010, 44 (3): 319-336.

[10]Curry R L.Problems in acquiring mineral revenues for financing economic development: A case study of Zambia during 1970 - 78[J].American Journal of Economics & Sociology, 2010, 43 (1): 37-52.

[11]Curry R L, Jr.Problems produced by the growth pattern of Botswana's mineral-based economy: Inequities in income, assets and land, scarce water, and diminishing food crops challenge planners[J].American Journal of Economics & Sociology, 1985, 44 (4): 449-462.

[12]Dasgupta S, Lucas R E B, Wheeler D.Plant size, industrial air pollution, and local income: Evidence from Mexico and Brazil[J].Environment and development economics.2002, 7 (2): 365-381.

[13] Dean Thomas J, et al.Environmental regulation as a barrier to the formation of small manufacturing establishments[J].Journal of environmental economics & management, 2000, 40 (1): 56-75.

[14]Denicolo, Vincenzo.A signaling model of environmental overcompliance[J].Journal of Economic Behavior & Organization, 2000, 68 (68): 293-303.

[15]Liviatan L N.Notes on Hotelling's economics of exhaustible resources[J].Canadian Journal of Economics, 1977, 10 (2): 177-192.

[16]Dietz, Thomas & Rosa, E.A.Rethinking the environmental impacts of population, Affluence and technology[J].Human Ecology Review, 1994, 1 (1): 277-300.

[17]Eric Lilford, Richard Minnitt.A comparative study of valuation methodologies for mineral developments[J].Journal South African Institute of Mining and Metallurgy, 2005, 39 (24): 12434 - 12439.

[18]Chui E H, Gao H, Majeski A J, et al.Performance improvement and reduction of emissions from coal-fired utility boilers in China[J].Energy

for Sustainable Development, 2010, 14 (3): 206-212.

[19]Fare R.Multilateral productivity comparisons when some outputs are undesirable: a non-parametric approach[J].Review of economics and statistics 1989, 71 (1): 90-98.

[20]Ferioli F, Schoots K, Zwaan B C C V D.Use and limitations of learning curves for energy technology policy: A component-learning hypothesis[J].Energy Policy, 2009, 37 (7): 2525-2535.

[21]Garen I E.Executive compensation and principal agent theory[J].Journal of Political Economy, 1994, 102 (6): 1175-1199.

[22]Gereffi Gary, Kaplinsky Raphael.The value of value chains: spreading the gains from globalisation[J].Special issue of the IDS bulletin, 2001, 32 (7): 1-8.

[23]Khalifa H Ghali.Energy use and output growth in Canada: a multivariate co-integration analysis[J].Energy Economics, 2004, 26 (2): 225-238.

[24]Gylfason T.Natural resources, education, and economic development[J].European Economic Review, 2001, 45 (4): 847-859.

[25]Harris M, Raviv A.Allocation mechanism and the design of auctions[J].Econometrica, 1981, 49 (6): 1477-1499.

[26]Hotelling H.The economics of exhaustible resources [J].Bulletin of Mathematical Biology, 1931, 53 (1-2): 281-312.

[27]Hu J L, Wang S C.Total-factor energy efficiency of regions in China[J].Energy Policy, 2006, 34 (17): 3206-3217.

[28]Page K.Blood on the coal: The effect of organizational size and differentiation on coal mine accidents [J].Journal of safety research, 2009, 40 (2): 85-95.

[29]J Kraft, A Kraft.On the relationship between energy and GNP [J].Journal of Energy and Development, 1978 (3): 401-403.

[30]Philip R LaneAaron Tornell.Power, growth, and the voracity effect[J].Journal of Economic Growth, 1996, 1 (2): 213-241.

[31]Lawrence M Seiford, Joe Zhu.Modeling undesirable factors in efficiency evaluation[J].European Journal of Operational Research, 2002, 142 (1): 16-20.

[32]Mansur Erin T.Do oligopolists pollute less? Evidence from a restructured electricity market[J].The Journal of Industrial Economics, 2007, 55 (4): 661-689.

[33]Merlevede B, Verbeke T, Clercq M D.The EKC for SO2: does firm size matter?[J].Ecological Economics, 2006, 59 (4): 451-461.

[34]Millimet D L.Environmental abatement costs and establishment size[J].Contemporary Economic Policy, 2003, 21 (3): 281-296.

[35]Nordhaus, William D.Economic growth and climate: The carbon dioxide problem[J].The American Economic Review, 1977, 67 (1): 341-346.

[36]Linde P C V D.Toward a new conception of the environment-competitiveness relationship[J].Journal of economic perspectives, 1995, 9 (4): 97-118.

[37]Puller S L.The strategic use of innovation to influence regulatory standards[J].Journal of Environmental Economics & Management, 2006, 52 (3): 690-706.

[38]Ross S A.The economic theory of agency: The principal's problem [J].American Economic Review, 1973 (63): 134-139.

[39]S Shaflee, E Topal, M Nehring.Adjusted real option valuation to maximize mining project value: a case study using century mine[J].Project Evaluation Conference, 2009 (4): 125-134.

[40]Sachs J D, Warner A M.The curse of natural resources[J].European Economic Review, 2001, 45 (4): 827-838.

[41]Samuel Fankhauser, Hepburn C.Designing carbon markets, Part II: Carbon markets in space[J].Energy Policy, 2010, 38 (8): 4381-4387.

[42]Samuel Fankhauser, Hepburn C.Designing carbon markets.Part I: Carbon markets in time[J].Energy Policy, 2010, 38 (7): 4363-4370.

[43]Dutta S, Lawson R A.Broadening value chain analysis for environmental factors[J].Journal of cost management, 2008, 22 (2): 5-14.

[44]Richard, Schmalensee.Competitive advantage and collusive optima[J].International Journal of Industrial Organization, 1987, 5 (4): 351-367.

[45]Schoonbeek L, Vries F P D.Environmental taxes and industry monopolization[J].Journal of Regulatory Economics, 2009, 36 (1): 94-106.

[46]Damart S, Roy B.The uses of cost-benet analysis in public transportation decision-making in France [J].Transport Policy, 2009, 16 (4): 200-212.

[47]Selden T M, Song D.Environmental quality and development: Is there a Kuznets curve for air pollution emissions? [J].Journal of Environmental Economics & Management, 1994, 27 (2): 147-162.

[48]Dinghuan Shi.Some thoughts on China's energy development strategy [J].Vital Speeches of the Day, 2003, 70 (5): 130.

[49]Shi X.Have government regulations improved workplace safety? A test of the asynchronous regulatory effects in China's coal industry, 1995-2006 [J].J Safety Res, 2009, 40 (3): 207-213.

[50]Stern D I.Progress on the environmental Kuznets curve? [J].Environment & Development Economics, 2001, 3 (2): 173-196.

[51]Stern D I.The rise and fall of the environmental Kuznets curve [J].World Development, 2004, 32 (8): 1419-1439.

[52]Takashi Onishi.A capacity approach for sustainable urban development: An empirical study[J].Regional studies, 1994, 28 (1): 39-51.

[53]Jinsuo Zhang, Shaohui Zou, et al.The two-factor model of evaluating mining rights of coal resources based on options[J].Journal of Coal Science and Engineering (China), 2008, 14 (6): 321-325.

[54]奥尔森.集体行动的逻辑[M].陈郁,郭宇峰,李崇新译.福建:格致出版社,2011.

[55]布坎南,马斯格雷夫.公共财政与公共选择:两种截然不同的国家观[M].北京:中国财政经济出版社,2000.

[56]曾世宏.产业演化、产业规制与企业家才能配置：以中国制造业产业价值链升级为例[J].河北经贸大学学报，2008（6）：37-41.

[57]陈德群.市场经济与煤炭产业政策[J].煤炭经济研究，1993（12）：3-5.

[58]陈红.中国煤矿重大事故中的不安全行为研究[M].北京：科学出版社，2006.

[59]陈立武，李冬东.煤炭产业技术创新战略的探讨[J].中国工程科学，2011（11）：26-32.

[60]陈梦.政府调控下的煤炭企业并购行为演化博弈研究[D].徐州：中国矿业大学，2018.

[61]陈淑华，徐乾烨.自然垄断产业规制的构想与设计[J].学术交流，2011（11）：86-89.

[62]陈小毅.中国煤炭产业集中问题实证研究[D].南京：南京航空航天大学，2013.

[63]陈艳，田立新.煤炭产业市场化改革中存在的问题及对策[J].江苏大学学报（社会科学版），2005，7（5）：82-84.

[64]陈耀.我国煤炭产业的前景、政策及价格分析[J].中国能源，2007（9）：22-26.

[65]程敏，廖长友.日本产业政策实践及其有效性分析[J].河北经贸大学学报（综合版），2004（3）：45-47.

[66]戴淑燕，黄新建.可持续发展协调度的评价方法分析[J].科技与管理，2004（6）：22-24.

[67]丹尼尔·F.史普博：管制与市场[M].上海：上海人民出版社，1999.

[68]丹尼尔·W.布罗姆利.充分理由：能动的实用主义和经济制度的含义[M].上海：上海人民出版社，2008.

[69]丹尼尔·W.布罗姆利.经济利益与经济制度：公共政策的理论基础[M].上海：上海人民出版社，2006.

[70]刁艳华.我国石油业产业规制的理论与实证研究[J].资源与产业，2006（6）：31-33.

[71]董江.我国煤炭产业"公共地悲剧"的分析与对策[J].改革与战略，2009（12）：151-153.

[72]堵琴囡.协调：一种应对公共政策执行阻滞现象的理念：基于公共政策执行中中央与地方的博弈分析[J].湛江师范学院学报，2011（5）：107-111.

[73]范中启，严霄蕙.中国煤炭市场结构演化及其成因[J].统计与决策，2006（4）：75-77.

[74]冯素玲，后小仙.当代产业组织理论研究综述[J].经济纵横，2007（7）：84-87.

[75]付克娟.产业政策实施过程中中央与地方的博弈行为分析：以煤炭产业政策为例[J].现代商贸工业，2010（24）：93-94.

[76]郭朝先.中国煤矿企业安全发展研究[M].北京：经济管理出版社，2008.

[77]郭小聪，吴高辉，李刘兴.政策脱节中的政府行为机制：基于深度贫困县L产业扶贫过程的案例分析[J].西北农林科技大学学报（社会科学版），2019，19（5）：33-39.

[78]韩振兴.中国煤炭产业市场绩效实证研究：基于SCP范式视角[J].财会研究，2011（7）：78-80.

[79]何大安.产业规制中的决策行为及其属性：一个解说政府和厂商行为的分析框架[J].浙江社会科学，2011（5）：2-10，78.

[80]何永涛.基于产业组织理论的产业融合研究：以山西煤炭产业为例[J].知识经济，2010（24）：5-6.

[81]侯方宇，杨瑞龙.产业政策有效性研究评述[J].经济学动态，2019（10）：101-116.

[82]胡乾坤.山西煤炭资源整合争论与辨析：政府、市场与产权的视角[J].资源与产业，2010，12（6）：75-79.

[83]黄少安.把产业政策的作用重点转移到生产要素[J].财经问题研究，2019（9）：29-35.

[84]康钊.我国煤炭企业发展循环经济的法律思考[J].山西高等学校社会科学学报，2010（6）.

[85]柯文岚,沙景华,闫晶晶.环境规制对山西煤炭产业绩效影响的实证研究[J].中国矿业,2011(12):49-52.

[86]兰荣杰.山西煤炭产业转型及相关性研究[J].山西能源与节能,2009(5):46-50.

[87]黎炜,陈龙乾,赵建林.我国煤炭开采对生态环境的破坏及对策[J].煤,2011(5):35-37.

[88]李成林,张雯.地区煤炭产量的博弈分析[J].能源与环境,2007(6):13-14.

[89]李红娟.煤炭产业规制体制比较与启示:以中国和印度为例[J].发展研究,2015(4):41-45.

[90]李龙清.煤炭工业可持续发展的系统动力学模型[J].西安科技大学学报,2006(2):151-153.

[91]李堂军,孙承爱,庞莹.我国煤矿区实施可持续发展战略的对策研究[J].中国软科学,2002(2):16-19.

[92]李夏燕,张瑞琴,铁甲.中国煤炭产业发展环境分析[J].科技创新与生产力,2011(2):94-95.

[93]李想.结构、行为和绩效:煤炭行业的产业组织分析[J].山西财经大学学报,2007(4):72,91.

[94]李学圣.正确运用计划手段和产业政策,多层次推进煤炭工业经济增长方式转变[J].煤炭经济研究,1996(12):5-9.

[95]李艳,曾珍香,武尤西等.经济—环境系统协调发展评价方法研究及应用[J].系统工程理论与实践,2003(5):54-58.

[96]李艳梅,杨涛,张雷.中国煤炭产业集中度与绩效的实证分析[J].北京交通大学学报(社会科学版),2007(1):11-14.

[97]李郁芳,李项峰,蔡彤.政府行为外部性的经济学分析[M].北京:经济科学出版社,2009.

[98]梁姗姗.基于产业集中度的中国煤炭产业结构优化研究[J].中国矿业大学学报(社会科学版),2009(2):85-88.

[99]刘冰,马宇.产业政策演变、政策效力与产业发展:基于我国煤炭产业的实证分析产业经济研究[J].2008(5):9-16.

[100]刘家磊.中日韩汽车产业政策比较及启示[J].经济纵横，2008（10）：101-103.

[101]刘嘉，陈文颖，刘德顺.中国能源服务需求预测模型[J].清华大学学报（自然科学版），2010，50（3）：481-484.

[102]刘劲松，苏玲敏.煤炭产业改革中的政策选择与协调[J].煤炭经济研究，2007（11）：8-11.

[103]刘亚琼.当前我国煤炭产业政策及其影响分析[J].企业改革与管理，2014（23）：122-123.

[104]刘耀彬，宋文君，万力.中部地区典型煤炭城市接续产业响应模式分析及比较[J].人文地理，2011（3）：56-59.

[105]刘赟，秦华.不完全信息下的寻租博弈分析[J].合肥工业大学学报（社会科学版），2006（3）：94-96.

[106]刘泽华.产能过剩背景下山西省煤炭产业转型升级研究[D].山西财经大学，2018.

[107]柳学信，王文举.博弈论视角下的自然垄断产业规制改革[J].改革，2006（3）：32-36.

[108]卢晓庆，赵国浩.煤炭安全生产中政府与企业的博弈分析[J].能源技术与管理，2009（5）：113-115.

[109]路爱国.国外产业政策研究若干新进展[J].经济学动态，2006（10）：78-80.

[110]罗淦，沙景华，钟帅.美国煤炭产业的SCP模式分析及启示[J].煤炭经济研究，2010，30（8）：27-30.

[111]马秀媛.技术进步视角下的山西煤炭产业可持续发展[J].产业与科技论坛，2015，14（13）：24-25.

[112]马旭军.山西煤炭产业可持续发展研究[J].山西高等学校社会科学学报，2007（2）：50-51.

[113]孟祥华.煤炭产业结构高级化的标志和根本动力机制[J].煤炭经济研究，2005（12）25-26.

[114]牛晓帆.西方产业组织理论的演化与新发展[J].经济研究，2004（3）：116-123.

[115]牛勇平.基于特性演化的煤炭产业竞争模型研究[J].工业技术经济，2005（7）：100-106.

[116]诺斯.制度、制度变迁与经济绩效[M].上海：三联书店，1994.

[117]欧阳新年.资源与环境约束下我国煤炭业集约化发展研究[D].北京：中国地质大学，2007.

[118]潘克西，濮津，向涛等.中国煤炭市场集中度研究：中美煤炭市场集中度比较分析[J].管理世界，2002（12）.

[119]潘士远，金戈.发展战略、产业政策与产业结构变迁：中国的经验[J].世界经济文汇，2008（1）：64-76.

[120]彭彦强.煤炭安全生产规制失灵与协同规制构建探析[J].山东科技大学学报（社会科学版），2008（3）：61-66.

[121]彭月兰.关于山西经济增长方式转变研究[J].生产力研究，2000（4）：58-60.

[122]濮洪九.坚持科学发展观、加快转变煤炭工业发展方式[J].煤炭经济研究，2010，30（7）：4-7.

[123]乔治·J.施蒂格勒.产业组织与政府管制[M].梁振民，译.上海：上海三联书店，1989.

[124]秦志敏，何海明.科技支撑山西煤炭产业发展存在的问题[J].科技创新与生产力，2010（7）：33-35.

[125]邱兆林.中国产业政策有效性的实证分析：基于工业行业的面板数据[J].软科学，2015，29（02）：11-14.

[126]任艳霞.金融危机对山西煤炭行业的影响及启示[J].现代商业，2009（9）：252.

[127]山西统计年鉴2011[M].北京：中国统计出版社，2011.

[128]沈洁，陈新国.基于SCP范式的市场绩效影响因素研究：来自山西煤炭产业的数据[J].财会通讯，2013（12）：107-110.

[129]师岩"钻石体系"下的山西煤炭产业竞争力研究[J].中共山西省委党校学报，2008（6）：85-87.

[130]施训鹏.国外如何促进矿区的可持续发展[J].中国矿业，2005（5）：10-13.

[131]宋梅,王立杰,张嗣超.基于改进DEA的煤炭产业政策相对有效性分析[J].工业技术经济,2007(1):79-81.

[132]孙涛.体制摩擦中利益集团的博弈和新制度的生成:以煤炭和电力行业改革为例[J].山东社会科学,2009(4):69-73.

[133]孙永波,白萍,张晓天.煤炭生产安全监管部门与违法生产煤矿的博弈研究[J].学术交流,2008(1):97-99.

[134]谭崇台.寻租理论及其思想渊源[J].经济评论,1994(3):30-34.

[135]唐静,冯套柱,杜丽娟.中国煤炭产业集中度影响因素分析[J].西安科技大学学报,2011(5):311-316.

[136]万学军,何维达.中国钢铁产业政策有效的影响因素分析:基于政策制定与实施过程的视角[J].经济问题参考,2010(8):18-24.

[137]王帮俊,杨东涛.基于系统动力学视角的煤炭产业链自组织演化过程与仿真:以淮北矿业集团为例[J].武汉理工大学学报(社会科学版),2011(5):680-687.

[138]王峰,吕渭济,杨德武.煤炭产业动态投入产出多目标优化模型[J].辽宁工程技术大学学报(社会科学版),2004(5):254-255.

[139]王琪.煤炭产业环境保护的路径探讨[J].陕西煤炭,2020,39(01):96-98+141.

[140]王维君.发展煤炭循环经济的法律与政策保障措施[J].商业经济,2011(2):126-127.

[141]王习.我国煤炭产业产融结合模式选择及路径研究[D].唐山:华北理工大学,2019.

[142]王小芳,纪汉霖.不同所有制及领导模式下主导厂商兼并行为研究:对我国煤炭业兼并重组方案的评价与启示[J].产业经济研究,2011(3):20-28.

[143]王勇.对中国钢铁产业政策有效性的实证分析[J].山西社会主义学院学报,2010(1):61-63.

[144]王志鹏.山西与内蒙煤炭产业发展比较:探讨低碳经济下资源型地区转型之路[J].内蒙古金融研究,2011(11):17-21.

[145]沃尔夫.市场或政府[M].北京:中国发展出版社,1994.

[146]吴岑,黄艳波.影响中国煤炭行业产业内贸易发展的因素分析[J].中国煤炭地质,2012(1):74-77.

[147]吴敬琏.中国应当走一条什么样的工业化道路[J].管理世界,2006(8):1-7.

[148]吴军民,仓平.基于演化博弈的政府采购寻租监管分析[J].中国市场,2010(11):106-107.

[149]吴呤.煤炭产业政策[J].中国煤炭工业,2008(1):13-14.

[150]武东升,赵雪照.山西煤炭企业循环经济产业链优化问题初探[J].山西煤炭管理干部学院学报,2011(1):6-8.

[151]夏永祥,王常雄.中央政府与地方政府的政策博弈及其治理[J].当代经济科学,2006(2):45-51.

[152]肖兴志,王靖.中国电信产业规制效果的实证研究[J].财经论丛,2008(3):8-14.

[153]谢识予.有限理性条件下的进化博弈理论[J].上海财经大学学报,2001,3(5):3-9.

[154]徐丽萍.煤炭企业战略价值链分析[J].中州煤炭,2001(1):43-44.

[155]徐丽萍.我国煤炭产业价值特性及价值网络分析[J].煤炭经济研究,2006(3):34-35,47.

[156]徐铁.战后日本产业政策变迁研究[J].湖北经济学院学报(人文社会科学版),2009(3):50-51.

[157]徐向阳,许永迪.黑龙江省煤炭产业规制研究[J].商业研究,2012(11):83-88.

[158]杨虹.山西省煤炭行业企业安全投入博弈分析[J].山西科技,2011(6):12-13.

[159]杨继东,罗路宝.产业政策、地区竞争与资源空间配置扭曲[J].中国工业经济,2018(12):5-22.

[160]杨嵘,刘召飞,付婧.我国石油产业政策制定和实施中的博弈分析:从公共选择理论的视角[J].福建论坛(社科教育),2009(2):37-39.

[161]杨治.产业政策的类型及原理[J].经济改革与发展,1998(7):57-58.

[162]尹栾玉.中国汽车产业政策的历史变迁及绩效分析[J].学习与探索,2010(4):167-168.

[163]袁元生.关于山西煤炭产业整合发展的研究[J].中国总会计师,2011(3):65-67.

[164]臧旭恒.产业经济规制理论与实践:新世纪回顾与展望[J].东岳论丛,2005(1):36-37.

[165]张纯,潘亮.转型经济中产业政策的有效性研究:基于我国各级政府利益博弈视角[J].财经研究,2012,38(12):85-94.

[166]张丹丹,杨力.基于超效率SBM的中国省级煤炭产业生态效率评价研究[J].四川理工学院学报(自然科学版),2019,32(05):87-93.

[167]张国民,陈进.地方政府在保护主义与引资偏好产业政策选择中的动态博弈分析[J].技术与创新管理,2011(4):369-373.

[168]张会新,高超.低碳约束下的煤炭产业政策选择[J].经济导刊,2011(02):54-60.

[169]张建斌.环境规制对内蒙古煤炭产业发展的影响[J].工业技术经济,2010(9):15-18.

[170]张巨峰,王洋,郑元锟,戴林超,李磊,窦军武,贾川.山西省煤炭产业与区域经济耦合协调性研究[J].矿业工程研究,2011(6):61-65.

[171]张莲莲,韩身智.洁净煤技术产业化是山西煤炭工业发展的必然选择[J].山西能源与节能,2001(3):17-20.

[172]张梦.中国外资产业政策有效性研究:以制造业为例[J].产业市场,2010(10):50-52.

[173]张鹏飞,徐朝阳.干预抑或不干预:围绕政府产业政策有效性的争论[J].经济社会体制比较,2007(4):27-35.

[174]张青.煤炭企业价值链延伸与升级的案例研究[J].管理世界,2007(4):168-169.

[175]张许颖.产业政策失效原因的博弈分析[J].经济经纬,2004(1):

71-74.

[176]张意翔.中国煤炭产业生态安全评价及政策建议[J].企业改革与发展,2011(2):163-165.

[177]张迎珍.山西煤炭资源整合与可持续发展研究[J].生产力研究,2011(7):73-75.

[178]张永胜,牛冲槐.山西煤炭资源型城市产业转型的系统评判[J].山西高等学校社会科学学报,2007(8):52-56.

[179]张宇驰.政府行为与产业重组:基于山西煤炭业整合的分析[J].理论界,2010(2):56-57.

[180]张远鹏.韩国、中国大陆汽车产业政策比较分析[J].世界经济与政治论坛,2007(6):95-99.

[181]张泽一,王春才.产业政策强度对产业发展影响的模型分析[J].技术经济与管理研究,2009(3):10-13.

[182]张泽一,赵坚.产业政策有效性问题的分析[J].北京交通大学学报(社会科学版),2009(3):27-31,46.

[183]张泽一,赵坚.产业政策实施效果的分析与述评[J].中国流通经济,2008(7):28-30.

[184]章新华.产业政策的有效性及条件优化[J].财经研究,1994(2):34-37.

[185]赵国浩,车康模,卢晓庆.基于产业集中度视角的山西煤炭资源整合分析[J].煤炭经济研究,2010,30(2):15-18.

[186]赵洪斌.国际直接投资的技术水平选择:一个基于东道国产业政策的博弈视角[J].财贸研究,2003(6):62-66.

[187]赵济萍,郝令文.山西省煤炭产业"绿色化"存在问题及对策研究[J].中国市场,2008(6):18-19.

[188]赵晟楠.大型煤炭基地全要素生产率影响因素研究[J].煤炭经济研究,2020,40(4):69-75.

[189]赵淑英,程光辉.煤炭企业低碳技术创新动力的博弈分析及政策取向[J].学习与探索,2011(3):203-205.

[190]赵玉,江游.产业政策法基础理论问题探析[J].天府新论,2012

（6）：70-74.

[191]郑汉.产业政策的连续对产业生产率的影响：基于"十一五"和"十二五"规划的准自然实验[J].时代金融，2018（35）：31-32.

[192]中国能源统计年鉴2011[M].北京：中国统计出版社，2011.

[193]中国统计年鉴2011[M].北京：中国统计出版社，2011.

[194]周敏，肖忠海.煤炭企业安全生产监管效能的博弈分析[J].中国矿业大学学报，2006（1）：54-56.

[195]周敏，王新宇.煤炭企业的竞争策略与产业政策的博弈分析[J].煤炭企业管理，2000（12）：18-19.

[196]周敏，张生武.政府、煤炭、电力三方博弈分析[J].煤炭经济研究，2007（4）：33-34.

[197]朱光磊.现代政府理论[M].北京：高等教育出版社，2002.

[198]朱光磊.政府过程的学说与方法及其在中国的适用问题[J].南开学报，2004（9）．

[199]朱少洪，全毅.产业政策有效实施的条件与我国产业政策实践[J].亚太经济，2002（4）：56-60.

[200]朱先奇，李鹏.山西煤炭产业核心竞争力集聚效应分析[J].山西高等学校社会科学学报，2010（6）：23-26.

[201]左青山，成凤.中国煤炭安全后续研究：延伸煤炭产业链，实现产业循环发展[J].现代商贸工业，2010，22（18）:267.